HUNDE

Natürlich pflegen und heilen

Dr. Carol Osborne

NEUER
HONOS
VERLAG

Wichtiger Hinweis
Dieses Buch wurde nach dem aktuellen medizinischen Wissensstand sorgfältig
erarbeitet. Dennoch erfolgen alle Angaben ohne Gewähr. Verlag und Autorin
haften nicht für eventuelle Nachteile und Schäden, die aus den im Buch gegebenen
praktischen Hinweisen resultieren. Es sei auch ausdrücklich darauf hingewiesen,
dass die hier empfohlenen Therapien die Untersuchung und Betreuung durch einen
Tierarzt nicht ersetzen.

Erstveröffentlichung 1999 unter dem Titel »Naturally Healthy Dogs«
by Marshall Editions Developments Ltd
© 1999 Marshall Editions Developments Ltd, London

© 2000 für die deutsche Ausgabe: NEUER HONOS VERLAG, Köln
Übersetzung und Redaktion: Das Redaktionsbüro, Köln
Satz: ce redaktionsbüro für digitales publizieren, Erkelenz
Gesamtherstellung: NEUER HONOS VERLAG, Köln
Alle Rechte vorbehalten.

INHALT

Einführung

Der Kopf

Das Verdauungssystem

Haut und Haare

Innere Erkrankungen

Verhaltensstörungen

Erste Hilfe

EINFÜHRUNG

Die Tiermedizin hat revolutionäre Fortschritte gemacht. Hunde können dank der Verbesserungen in der medizinischen Versorgung ein hohes Alter erreichen. In der Behandlung von chronischen Leber-, Herz- oder Nierenerkrankungen hat die Tiermedizin große Neuerungen hervorgebracht. Ferner haben wir auch gelernt, dass Vorsorge, Früherkennung und Behandlung kombiniert mit ausgewogener Ernährung wichtige Meilensteine auf dem Weg zu guter Gesundheit sind. Letztlich ist dank zahlreicher Untersuchungen auch die Erkenntnis gewachsen, dass die Beurteilung der inneren und äußeren Umstände zur Erhaltung des Gleichgewichts, der Gesundheit und der Harmonie von größter Bedeutung sind.

Eine einzelne Behandlungsmethode, die alle Antworten parat hält, gibt es nicht – wichtig ist nur, dass eine Therapie hilft. Fälschlicherweise werden ganzheitliche Medizin und Homöopathie oft für Synonyme gehalten. Die ganzheitliche Medizin beschäftigt sich mit dem gesamten Patienten und bedient sich einer Reihe von verschiedenen Therapien: Kräuterheilkunde, Homöopathie, Akupunktur, Chiropraktik, Blütenessenzen und Heilpraktik. Die alternative Medizin soll und will die konventionelle Medizin nicht ersetzen, sondern in Kombination mit ihr die beste Behandlung für Ihren Vierbeiner sicherstellen.

ZU DIESEM RATGEBER

Dieses Buch ist in sechs Kapitel unterteilt: 1. Der Kopf; 2. Das Verdauungssystem; 3. Haut und Haare; 4. Innere Erkrankungen; 5. Verhaltensstörungen; 6. Erste Hilfe. Wenn Sie sich über eine bestimmte Erkrankung informieren möchten, können Sie mit Hilfe der Farblaufleisten schnell auf das entsprechende Kapitel zugreifen. Auch das alphabetische Register auf Seite 112 sowie ein ausführliches Inhaltsverzeichnis zu Beginn des Buches garantieren einen raschen Zugriff auf die von Ihnen gewünschten Informationen.

TEXT UND ILLUSTRATIONEN

Der Text ist jeweils klar und übersichtlich unterteilt in eine Beschreibung der Erkrankung, ihrer Ursachen und die Therapien, die Sie oder Ihr Tierarzt ergreifen können. Anatomische Zeichnungen sowie Fotografien, die die alternativen Behandlungsmethoden illustrieren, runden den Text ab.

VORSICHT!

Dieses Buch soll und will den tierärztlichen Rat nicht ersetzen. Bevor Sie Ihren Hund in irgendeiner Weise behandeln, sollten Sie dies immer und unbedingt mit Ihrem Tierarzt absprechen.

DIE WAHL DES TIERARZTES

Wenn Sie einen Tierarzt suchen, ist Ihr erster Eindruck grundsätzlich Ihr bester Führer. Sie müssen eine Person finden, der Sie vertrauen und deren Praxis auch günstig gelegen ist. Es ist empfehlenswert, einen Tierarzt aufzusuchen, sobald Sie einen Hund bekommen. Auf diese Weise kann das Tier gründlich untersucht werden und alle noch anstehenden Impfungen erhalten.

Hören Sie sich bei Freunden und Bekannten um. Fragen Sie nach Referenzen und suchen Sie, wenn möglich, die Praxis auf. Stellen Sie sicher, dass der Tierarzt all die Dienste anbietet, die Sie benötigen können: stationäre Aufnahme, Pflege und 24-Stunden-Notfalldienst. Achten Sie darauf, dass die Praxis in der Nähe Ihrer Wohnung liegt, was besonders bei einem Notfall wichtig ist. Wenn Sie berufstätig sind, sind natürlich auch die Sprechstunden von Bedeutung. Wenn Sie jedes Mal denselben Tierarzt sehen möchten, ist auch dies ein Faktor, der Ihre Entscheidung beeinflussen kann. Der Vorteil der Kontinuität liegt auf der Hand, vor allem wenn Ihr Hund eine langfristige Behandlung benötigt. Auf der anderen Seite hat eine größere Praxis auch eine größere Anzahl von Tierärzten, die für eine Diagnose zur Verfügung stehen, sowie mehr Raum für Spezialisierungen, etwa auf alternative Medizin – ein großer Vorteil. Machen Sie sich Ihren Tierarzt zum Partner, um so die optimale Gesundheitsversorgung über das gesamte Leben Ihres Hundes sicherzustellen.

Auf Seite 111 finden Sie eine Reihe von Adressen, die Ihnen nützlich sein können. Auch im Internet können Sie die Informationen finden, die Sie suchen.

SO KÖNNEN SIE IHREM TIERARZT HELFEN

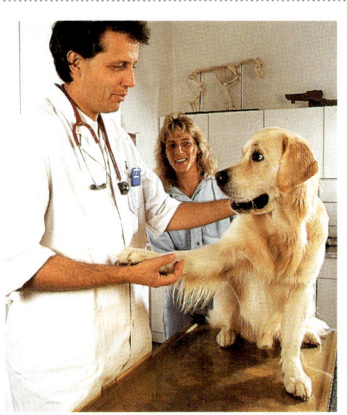

Bilden Sie mit dem Arzt Ihres Hundes ein Team für seine Gesundheit. Machen Sie sich Notizen über die gesundheitliche Verfassung Ihres Hundes, bevor Sie Ihren Arzt aufsuchen. Folgende Punkte sollten Erwähnung finden:

• Alter und Vorgeschichte Ihres Hundes

• Symptome der Erkrankung sowie ihr erstes Auftreten

• Medikamente, die Ihr Hund regelmäßig einnimmt

NATURMEDIZIN

Untersuchungen haben gezeigt, dass die Gesundheit durch physische, psychische und emotionale Faktoren bedingt wird. Die ganzheitliche Medizin umfasst die Ernährung, die Gefühle und den Lebensstil ebenso wie eine körperliche Untersuchung. Es ist der Versuch, sich dem gesamten Patienten anzunähern – so können auch bei Ihrem Hund eine ganze Reihe von Therapien untereinander kombiniert werden. Dieses Buch wird Sie mit den alternativen Behandlungsmethoden vertraut machen, vor allem mit der Kräuterheilkunde und der Homöopathie, die häufig in der Lage sind, Symptome zu lindern. Doch vergessen Sie nie: Wann immer Sie sich Sorgen um die Gesundheit Ihres Hundes machen, sollten Sie zunächst Ihren Tierarzt aufsuchen.

HEILPFLANZEN

Die medizinische Verwendung von Pflanzen und Kräutern stammt bereits aus der Antike. Sie können frische Kräuter verwenden und sie unter das Futter mischen. Doch meist ist es besser, sie in Form flüssiger Tinkturen einzunehmen, deren Wirkung auch konzentrierter ist. Kräuter können auch als Salben oder Cremes äußerlich aufgetragen werden. Unschlagbar sind Heilpflanzen in der Stärkung des Immunsystems, vor allem bei Krankheiten, die mit konventionellen Methoden nicht zu behandeln sind. Heilpraktiker und Homöopathen nennen Ihnen die richtigen Dosierungen und Therapien.

HOMÖOPATHIE

Nach Ansicht der Homöopathen kann eine extrem verdünnte Form der Substanz, die bei einem gesunden Lebewesen die gleichen Symptome hervorrufen würde, dem Körper helfen, die Krankheit selbst zu bekämpfen. Alle verwendeten Arzneien sind pflanzlicher, mineralischer oder tierischer Natur.

Die Substanzen werden sorgfältig mit Alkohol verdünnt – jeweils im Verhältnis 1 : 90 – und kräftig geschüttelt, um ihre Wirkstoffe zu aktivieren. Umso stärker verdünnt eine Arznei ist, desto stärker ist ihre Wirkung und desto mehr Energien setzt sie frei. Diese Energien bringen den Körper wieder ins Gleichgewicht und stärken sein Immunsystem und damit die Fähigkeit, sich selbst zu heilen.

Die meisten homöopathischen Arzneien sind in verschiedenen Potenzen erhältlich – die Zahl hinter dem Namen gibt die jeweilige Potenz an. Richten Sie sich bei Potenz und Dosierung immer nach den Angaben des Arztes. Homöopathische Mittel werden oral in Form von Globuli (Kügelchen) oder Pulver verabreicht.

Eine homöopathische Behandlung kann sehr gut mit einer therapeutischen Ernährung oder mit Chiropraktik verbunden werden. Doch sollte sie niemals mit Akupunktur oder starken Kräutertinkturen kombiniert werden, da ihre Wirkungen sich gegenseitig aufheben können. Verabreichen Sie niemals therapeutische Mittel, die Ihr Tierarzt nicht verschrieben hat.

WEITERE HEILMETHODEN

Es gibt eine Reihe von alternativen Therapien, die auch für Hunde geeignet sind. Fragen Sie Ihren Tierarzt danach und unternehmen Sie nichts in Eigenregie.

BLÜTENESSENZEN

Blütenessenzen sind verdünnte Blütenextrakte, die vor allem zur Behandlung von Verhaltensstörungen, Ängsten und anderen psychologischen Problemen geeignet sind. Der britische Physiker Edward Bach entwickelte in den 30-er Jahren 38 verschiedene Blütenessenzen, von denen jede auf eine bestimmte emotionale Situation ausgerichtet ist. Diese Essenzen sind heute als Bachblüten bekannt. Ihre bekannteste Form sind die Rescue-Notfalltropfen, eine Mischung aus fünf Blütenessenzen.

AKUPUNKTUR

In der Akupunktur werden feine Nadeln in bestimmte Körperpunkte einge-führt, um das körpereigene Immunsystem zur Selbstheilung anzuregen. Bei Hunden wird die Akupunktur erfolgreich gegen Hüftgelenksdysplasie, Arthri-tis und chronische Darmerkrankungen mit schwerem Erbrechen und Durchfall ebenso eingesetzt wie gegen Epilepsie. Meist tritt eine zeitweilige Besserung ein, doch sind oft acht oder mehr Sitzungen erforderlich.

CHIROPRAKTIK

Die Chiropraktik befasst sich mit der Wirbelsäule, um vertebrale Störungen zu beheben, die das Nervensystem schädigen oder die Bewegungsfreiheit ein-schränken. Sie ist sinnvoll bei Schmerzen des Bewegungsapparates, die durch Verletzungen, Arthritis oder andere degenerative Prozesse verursacht werden.

HEILPRAKTIK

Die Heilpraktiker sehen die Ursache von Krankheiten in der Ansamm-lung von Giftstoffen im Körper. Ihre Behandlung besteht in einer Kombi-nation aus ausgewogener Ernährung, Bewegung, Bädern, Massagen und Sonnenlicht.

DRÜSEN-THERAPIE

Zur Drüsen-Therapie gehören biologisch aktive Nahrungsergänzungen. Sie enthalten meist Hormone, wie sie auch in körpereigenen Drüsen, wie etwa in der Schilddrüse, produziert werden. Das Ziel ist es, erkrankte Drüsen zu einer normalen Funktion anzuregen.

DER KOPF

Die ersten Anzeichen einer Erkrankung zeigen sich häufig im Gesichtsfeld. Achten Sie auf tränende Augen oder eine laufende Nase, die oft darauf hinweisen, dass etwas nicht stimmt. Viele Infektionskrankheiten werden leicht durch Niesen oder Schnupfen übertragen, ebenso wie durch den Kontakt von Hund zu Hund, durch gemeinsam genutzte Futter- und Wassernäpfe und nicht zuletzt über Kot, Erbrochenes und alle infizierten Gegenstände, mit denen ein Hund in Berührung kommt. Welpen sind besonders anfällig für Infektionskrankheiten, da ihr Immunsystem noch nicht voll entwickelt ist. Wenn Sie einen Welpen oder einen älteren Hund neu erwerben, sollten Sie innerhalb von zwei Tagen einen Tierarzt aufsuchen.

BINDEHAUTENTZÜNDUNG

Die Augen Ihres Hundes sollten klar, glänzend und frei von Ausfluss sein. Rote Hundeaugen können eine Erkrankung signalisieren, deren Behandlung von Augentropfen bis zu einer Notfalloperation reichen kann. Die häufigste Augenerkrankung bei Hunden ist die Konjunktivitis, die Entzündung der Bindehaut. Sie führt zu geröteten, geschwollenen, juckenden und wässrigen Augen. Jeder Hundebesitzer sollte auf Anzeichen von Augenerkrankungen oder -verletzungen achten und diese so schnell wie möglich behandeln lassen.

SYMPTOME

- Rötung und Entzündung um die Augen
- Schleimiger oder wässriger Ausfluss
- Juckreiz
- Starkes Zwinkern
- Verstärkte Tränenproduktion

URSACHEN

• Allergien gegen Flugpollen oder Schimmelpilze sind meist die Ursache einer Konjunktivitis.

• Bakterielle Infektionen gehen oft mit dickflüssigem, gelblichem oder grünlichem Ausfluss einher.

• Genetische Faktoren können Augenerkrankungen zugrunde liegen. Zu ihnen gehören Entropium (die Augenlider sind nach innen eingerollt) und Ektropium (die Augenlider sind nach außen ausgestülpt). Bei Entropium reibt das Gewebe des Augenlides auf der Augenoberfläche, was zu Vereiterungen führen kann. Meist tritt ein Entropium bei jungen Hunden in einem Alter von sechs Monaten auf. Ein Ektropium ist weniger ernst und erscheint bei Rassen wie etwa dem Bluthund. Es entsteht durch das Freiliegen der rötlichen Schleimhaut, die normalerweise unter dem unteren Augenlid versteckt ist. Dieses empfindliche Gewebe kann sich durch Schmutz, Staub oder auch starken Wind entzünden.

Hunde mit großen Augenlidern wie der Chow-Chow können an einem Entropium leiden.

• Eine weitere erbliche Erkrankung wird durch eine zweite Reihe von Augenwimpern verursacht. Besonders häufig ist sie bei den kleinen Rassen wie dem Cocker Spaniel und dem Pekinesen. Die überschüssigen Augenwimpern reiben über die Augenoberfläche und führen je nach Stellung zu verschieden schweren Infektionen. Oft ist eine Operation die einzige anhaltende Lösung für solche Erbfehler.

• Fremdkörper – Grasspitzen oder Holzsplitter – können bei Jagd oder Spiel in die Augen des Hundes geraten, vor allem bei Augen mit Ektropium.

• Hunde, die an Grauem Star oder Staupe erkrankt sind, sind sehr anfällig für eine Konjunktivitis.

Achtung

Erlauben Sie Ihrem Hund niemals, seinen Kopf aus einem fahrenden Auto zu halten. Es ist nicht nur gefährlich, sondern erhöht auch das Risiko einer Konjunktivitis. Es kann schnell zu einer Bindehautentzündung kommen, wenn Schmutzpartikel durch den Fahrtwind in die Augen gelangen. Reizungen und Entzündungen, die viel Leid mit sich bringen, können die Folge sein.

• Da es so viele Ursachen für eine Augenerkrankung gibt, ist es sehr wichtig, dass der Tierarzt sie untersucht und die Ursache behebt. Halten Sie die Augen sauber und verabreichen Sie die verschriebenen Medikamente.

Kleinere Rassen, wie die Pekinesen, haben infolge eines Erbfehlers häufig eine zweite Reihe von Augenwimpern, die die Oberfläche des Auges reizt.

ALTERNATIVE THERAPIEN

✠ HEILPFLANZEN

Verwenden Sie bei geröteten, juckenden Augen Himbeerblatttee zum Auswaschen der Augen oder geben Sie 3- bis 4-mal täglich je 1 Tropfen Fischöl in das entzündete Auge. Roher Gurkensaft, 3- bis 4-mal täglich je 2–3 Tropfen, lindert Reizungen und Allergien.

HORNHAUTENTZÜNDUNG

Eine Hornhautentzündung entsteht durch eine Schädigung oder Verletzung der durchsichtigen Haut auf dem Augapfel, der Hornhaut.
Es ist die dritthäufigste Augenerkrankung bei Hunden und hat verschiedene Ursachen. Zu ihnen gehören Kratzer und oberflächliche
Verletzungen sowie Fremdkörper wie Grassamen, die sich hinter dem
dritten Augenlid verstecken können und zu Verletzungen führen. Wilde
Spiele können die Hornhaut ebenfalls verletzen. Gelegentlich können
auch Baden und Bürsten Hornhautentzündungen verursachen – daher
ist es nützlich, vor dem Baden und Bürsten ein
Augenöl zu verwenden. Erbliche Faktoren wie
nach innen gewendete Wimpern (Trichiasis)
oder eingerollte Lider (Entropium) können
ebenfalls die Ursache sein. Bestimmte Rassen sind anfälliger als andere. Rassen mit
eingedrückten Nasen neigen zu ausge-
trockneten Augen, die sich schneller entzünden. Schielen, vermehrter wässriger Tränen-
fluss, Rötung und Schwellung der Augen gehören zu den Symptomen einer Hornhautentzündung, die sehr schmerzhaft ist, weil die
Augen von vielen Nerven durchzogen sind.

THERAPIE

• Der Tierarzt wird das Auge mit einem Farbstoff einfärben; das entzündete
Hornhautgewebe nimmt eine grünliche Farbe an. Die meisten Entzündungen
heilen nach 3–5 Tagen. Meist besteht die Medikation neben einem Augenöl
aus antibiotischen Tropfen, um eine bakterielle Infektion zu vermeiden. Nach
einigen Tagen wird das Auge wieder eingefärbt, um sicherzustellen, das die
Hornhaut verheilt ist. Ist dies nicht der Fall, sollten Sie sich an einen Augen-
spezialisten wenden, um die Perforation der Hornhaut zu verhindern.

ALTERNATIVE THERAPIEN

▣ HOMÖOPATHIE

Um Schmerzen und Entzündungen zu
lindern, kann *Aconitum napellus* C30
(Sturmhut) hilfreich sein. Geben Sie
dem Hund 2 ganze oder 3 zerkleinerte
Globuli. Eine Stunde vor und nach der
Behandlung darf der Hund nicht fressen. Wiederholen Sie die Behandlung
erst nach vier Wochen, wenn es noch
nötig sein sollte.

GRAUER STAR

Der Graue Star kommt bei Hunden sehr häufig vor. Die Linse, die sich hinter der Pupille befindet, überträgt das einfallende Licht auf die Netzhaut, die es an das Gehirn weitergibt, in dem das Bild entsteht. Wenn die Zellen und Proteine der Linse zu zerfallen beginnen, bildet sich der Graue Star. Die Linse erhält einen milchglasähnlichen Schimmer und kann das Licht nicht mehr auf die Netzhaut übertragen.

AUFBAU DES AUGES

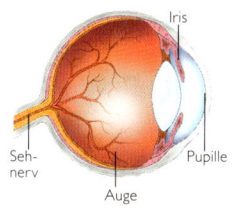

Iris
Seh-nerv
Pupille
Auge

URSACHEN

• Entzündung des Auges durch Verletzungen oder Infektionen
• Krankheit (z. B. Diabetes)
• Folge des Alterungsprozesses
• Bei jungen Tieren rassenabhängig (z. B. Cocker Spaniel, Pudel und Sibirischer Husky)

SYMPTOME

Farbliche Veränderung der Augen: milchig-weiß oder blau-grau

Achtung

Tritt der Star bei jungen Tieren auf, unterscheidet man zwei Arten: den heilbaren (Kortisontropfen klären die Linsen) und den unheilbaren (die Schädigung der Linse ist irreversibel). Bei einigen Rassen ist der Star genetisch vorbestimmt. Verantwortungsbewusste Züchter lassen ihre Hunde durch einen Spezialisten untersuchen.

THERAPIE

• Je früher eine Operation erfolgt, desto größer ist die Chance, das Auge zu retten. Die Operation wird mittels eines Gerätes durchgeführt, das Ultraschallwellen in einer hohen Frequenz aussendet und die die Linse zerstören. Die Überreste der Linse werden anschließend abgesaugt. Eine künstliche Linse wird anstelle der alten Linse eingesetzt. Die Erfolgsquote liegt bei über 90 % und Ihr Hund kann bald wieder sehen.

• Vor der Operation wird der Tierarzt die Augen untersuchen wollen. Dies erfolgt durch ein Elektro-retinogramm (ERG). Auch bestimmte vererbte Augenkrankheiten müssen ausgeschlossen werden.

ALTERNATIVE THERAPIEN

☐ HOMÖOPATHIE

Conium maculatum C6 (poison hemlock), 1 Monat lang täglich 1 Kügelchen, kann dann hilfreich sein, wenn der Star durch eine Verletzung verursacht wur-de. Silicea C30 oder Phosphorus C30 sind in fortgeschrittenen Stadien angezeigt. Geben Sie 3 Tage lang 2-mal täglich je 1 Tablette und reduzieren Sie dann auf 2 Tabletten wöchentlich.

WEITERE AUGENERKRANKUNGEN

Das Kirschauge wird als ein Vorfall der Drüse am dritten Augenlid definiert, der durch eine Drüsenüberfunktion verursacht wird. Das trockene Auge dagegen beschreibt die Veränderungen des Auges, die durch einen Mangel an Tränenflüssigkeit entstehen.

KIRSCHAUGE

• Neben dem unteren und dem oberen Augenlid haben Hunde (und Katzen) ein drittes Augenlid, das vom inneren Augenwinkel (nahe der Nase) ausgeht. Dieses dritte Augenlid fungiert wie ein Scheibenwischer und dient dem Schutz des Auges. Zusätzlich enthält es eine Drüse, die etwa 30 % des Tränenfilms produziert, der die Augenoberfläche, die Hornhaut, feucht hält. Ein Kirschauge entsteht, wenn diese Drüse nicht richtig funktioniert.

• Über die Ursache eines Kirschauges gibt es unterschiedliche Ansichten. Manche Experten sehen genetische Ursachen, weil Cocker Spaniels, Bulldoggen, Beagles und Pekinesen am anfälligsten erscheinen. Doch auch andere Rassen, wie etwa Bluthunde oder Bassets, erkranken häufig an einem Kirschauge.

• Bei einem Kirschauge ist die Drüse rot und fleischig. Sie sieht aus wie eine kleine Kirsche, die plötzlich aus dem Augenwinkel hervortritt. Das andere Auge kann später ebenfalls betroffen sein. Meist sind Hunde mit einem Kirschauge jünger als ein Jahr. Zusätzlich zu der Rötung und Schwellung kann es ebenfalls zu einem klaren oder schleimigen Ausfluss kommen.

• Meist wird die Drüse operativ hinter das dritte Augenlid zurückgeschoben. Auf diese Weise kann sie weiterhin »Tränen« produzieren und die Austrocknung des Auges kann vermieden werden. Die Prognosen sind in solchen Fällen ausgezeichnet.

• Eine andere Möglichkeit ist die operative Entfernung der Drüse, was häufig zu einem Mangel an Tränenflüssigkeit und damit zur Austrocknung des Auges führen kann. Das Kirschauge kann auch ignoriert werden. Manchmal verschwindet es nach 2 oder 3 Wochen von allein; es kann aber auch zu Folgeerkrankungen führen. Besprechen Sie die verschiedenen Möglichkeiten, die auch von der Rasse abhängen, mit Ihrem Tierarzt.

TROCKENES AUGE

• Tränen sind für die Gesundheit der Hornhaut unerlässlich, da sie sie mit Sauerstoff und Nahrung versorgen. Wird zu wenig Tränenflüssigkeit produziert, kommt es rasch zu schädlichen Veränderungen, die zur Austrocknung des Auges führen. Die Hornhaut wird fleckig, vernarbt und entzündet sich. Einschränkung oder vollständiger Verlust der Sehkraft kann die Folge sein. Die Augen eines Hundes mit KCS brennen die ganze Zeit, so wie Ihre an einem windigen Tag. Die Erkrankung wird durch einen Test diagnostiziert, in dem die Tränen gezählt werden, die das Auge in einer Minute produziert.

• Einem trockenen Auge können verschiedene Ursachen zugrunde liegen. Zu ihnen gehören Schilddrüsenunterfunktion (S. 69), durch Staupe-Viren verursachte Tränendrüseninfektionen (S. 22) oder Erkrankungen des Immunsystems (z. B. Krebs).

• Gewöhnlich werden Antibiotika und entzündungshemmende Medikamente (Kortison) verabreicht, die bakterielle Sekundärinfektionen behandeln und Hornhautentzündungen lindern. Künstliche Tränenflüssigkeit hält die Hornhaut feucht. Es gibt eine Reihe von Medikamenten, die die Symptome lindern oder die eigene Tränenproduktion anregen.

• Wenn die Medikamente versagen, kann der Tierarzt eine komplizierte Operation erwägen.

• Bei einer beständigen Therapie sind die Prognosen gut. Wird der Hund jedoch nicht behandelt, kann dies zu wiederholten Hornhautentzündungen, bakteriellen Infektionen sowie zur Erblindung führen.

ALTERNATIVE THERAPIEN

🖵 HOMÖOPATHIE

Zincum metallicum C30, 2-mal täglich, kann bei einem trockenen Auge hilfreich sein, vor allem wenn es in Verbindung mit einer künstlichen Tränenflüssigkeit verabreicht wird.

ZAHNPFLEGE

Welpen werden ohne Zähne geboren. Sie wachsen erst nach circa einem Monat, wenn der junge Hund normales Futter zu fressen beginnt. Insgesamt bekommt er 28 Milchzähne, die mit vier bis sechs Monaten durch die zweiten Zähne ersetzt werden. Das Zahnen kann für den Hund sehr unangenehm werden und ihn zu einem zerstörerischen Verhalten im Haus treiben. In dieser Zeit werden Sie genötigt sein, die Aufmerksamkeit Ihres Hundes von Ihren Polstern und Schuhen abzulenken, indem Sie ihm ausreichend Spielzeug zum Kauen anbieten.

Ausgewachsene Hunde haben 42 Zähne, wobei die vier großen Eckzähne die auffälligsten sind. Sind die zweiten Zähne einmal gewachsen, werden sie nicht mehr ersetzt, selbst wenn sie durch Zerstörung oder Krankheit ausfallen. Daher ist es wichtig, dass sie gesund bleiben.

SELBSTMASSNAHMEN

• Wichtig ist gute Zahnpflege. Beim Hund, wie auch beim Menschen, verbinden sich Bakterien mit Speichel und Nahrungspartikeln und bilden Plaque. Es sammelt sich in den Spalten zwischen Zähnen und Zahnfleisch und entwickelt sich zu Zahnstein. Bakterien, Plaque und Zahnstein reizen und entzünden das Zahnfleisch und können eine Gingivitis verursachen.

• Bei kleinen Rassen müssen Sie besonders sorgfältig sein. Sie sind anfälliger für Zahnerkrankungen als die großen Rassen, weil ihre Zähne für ihr kleines Maul oft zu groß sind. Dies führt zu beengtem Zahnwuchs, bei dem sich zerstörerische Bakterien und Plaque schnell ansammeln können.

• Um Zahnerkrankungen zu vermeiden, ist regelmäßiges Zähneputzen bereits im Welpenalter unerlässlich. Putzen Sie jeden Zahn für etwa 30 Sekunden mit einer für Hunde geeigneten Zahncreme. Bei empfindlichen Hunden können Sie versuchen, Fleisch- oder Hühnerbrühe auf die Zahnbürste zu geben.

• Handelsübliches Fertigfutter ist speziell auf die Vermeidung von schlechtem Atem und Zahnfleischentzündungen ausgerichtet. Sie können aber auch selbst gemachtes Futter verwenden. Das Futter sollte zu 20 % aus Fleisch und Eiern, 60 % frischem, gekochtem Gemüse und 20 % rohem, gehacktem Gemüse bestehen.

Überprüfen Sie Zähne und Zahnfleisch Ihres Hundes regelmäßig auf Zahnerkrankungen.

DIE ZÄHNE

Eckzahn Schneidezahn Backenzahn

Eckzahn Schneidezahn Backenzahn

THERAPIE

• Professionelle Zahnreinigung erfolgt durch ein Ultraschallgerät, das durch Vibrationen den Zahnstein von der Zahnoberfläche löst. Zahnstein, der sich unter dem Zahnfleischgewebe befindet, muss vorsichtig mit der Hand herausgeschält werden. Anschließend werden die Zähne poliert und mit Fluor behandelt, um sie zu schützen.

• Ihr Tierarzt kann die Zähne Ihres Hundes regelmäßig untersuchen, lockere Zähne entfernen und Abszesse, die sich durch die Ansammlung von Eiter bilden, behandeln.

ALTERNATIVE THERAPIEN

⊠ HEILPFLANZEN

Für Hunde sind spezielle Zahnpflegesets, bestehend aus einer Zahnbürste und einer Zahncreme auf Salbeiöl-Basis, erhältlich. Rohe Karotten fungieren als natürliche Zahnbürste für Ihren Hund und vermeiden die Bildung von Plaque auf seinen Zähnen.
Verwenden Sie nach jeder Zahnbehandlung Kanadische Gelbwurzel *(Hydrastis canadensis),* um den Heilungsprozess zu fördern. Geben Sie zur Herstellung der Lösung I TL Wurzelpulver in 600 ml kochendes Wasser. Nach dem Abkühlen können Sie die Maulhöhle Ihres Hundes mit dem klaren Teil der Flüssigkeit auswaschen, den Sie mit einer Spritze (ohne Nadel) aufziehen können.

☐ HOMÖOPATHIE

Fragaria vesca C6, 3-mal monatlich verabreicht, kann die Bildung von Zahnstein verlangsamen.

Rohe Karotten können Plaque-Bildung verhindern.

ZAHNERKRANKUNGEN

E rkrankungen im Maul gehören zu den Krankheiten, die in Klein-tier-Kliniken am häufigsten behandelt werden. Mindestens 85 % aller Katzen und Hunde über zwei Jahren leiden unter Parodontose. Bakterien aus der Maulhöhle erhöhen außerdem das Risiko von Leber- und Nierenerkrankungen. Die gute Nachricht aber ist, dass Zahn- erkrankungen sowohl vermeidbar als auch kontrollierbar sind.

SYMPTOME

- Schlechter Atem
- Rotes Zahnfleisch
- Verfärbte Zähne

ANZEICHEN VON ZAHNERKRANKUNGEN

• Rasse, Gene, Alter, Ernährung und Gesundheits- zustand beeinflussen das Risiko und die Schwere einer Zahnfleischerkrankung. Wenn Ihr Hund Schwierigkeiten beim Fressen hat, sein Kauverhal- ten ändert, das Futter verweigert oder mit den Pfo- ten im Gesicht reibt, kann er unter einer Zahn- erkrankung leiden.

• Bleibt eine Zahnfleischentzündung unbehandelt, vermehren sich die Bakterien zwischen Zahn und Zahnfleisch. Ist das Zahnfleisch einmal infiziert, kommt es zu einer irreversibeln Parodontose. Eine Reinigung der Zähne und die regelmäßige Entfer- nung von Zahnstein kann jedoch das Fortschreiten der Erkrankung verhindern.

• Bleibt die Parodontose unbehandelt, können die Bakterien in den Blutkreislauf gelangen, sich aus- weiten und Erkrankungen in anderen Organen wie Herz, Leber oder Nieren verursachen. Auch das Zahnfleisch zieht sich zurück und die Zähne fallen aus.

• Hunde bekommen selten Löcher in den Zähnen. Wenn doch, befinden sie sich meist an der Zahnwurzel und können zu Zahnwurzelabszessen (Eiter- ansammlung durch Bakterien) führen. In der Regel muss der Zahn gezogen werden. Manche Tierzahnspezialisten bieten Wurzelkanäle, Kapseln und Kronen für Hunde an.

ALTERNATIVE THERAPIEN

✠ HEILPFLANZEN
Myrrhe *(Commiphora myrrha)* kann die Heilung unterstützen. Geben Sie 1 TL Harz in 600 ml kochendes Wasser, abkühlen lassen und mit Hilfe einer Spritze über die erkrankten Stellen geben. Reiben Sie das Zahn- fleisch 1-mal täglich mit dem Öl einer Vitamin-E-Kapsel ein, um Entzündungen zu lindern.

Myrrhe

KREBS

Es gibt eine Reihe von Krebserkrankungen, die den Kopf eines Hundes, vor allem die Maulhöhle, befallen können. Rassen mit dunklen Pigmentierungen, wie die schwarzen Cocker Spaniels oder Chow-Chows, haben häufig Melanome im Maul. Zu den Anzeichen gehören Schwellungen um ansonsten gesunde Zähne. Krebs in den Nasengängen oder Nebenhöhlen macht ungefähr 2 % aller Krebserkrankungen bei Hunden aus. Bei Cocker Spaniels mit chronischen Ohrinfektionen entstehen gelegentlich Karzinome in den Schmalz produzierenden Drüsen.

Auch eine frühere Verletzung kann zu Krebs führen.

THERAPIE UND SELBSTMASSNAHMEN

• Untersuchen Sie das Maul Ihres Hundes regelmäßig, am besten beim Putzen der Zähne, so dass Sie Erkrankungen frühzeitig entdecken können. Jedes Geschwür im Maul kann bösartig sein und muss so schnell wie möglich von einem Tierarzt untersucht werden.

• Eine hochdosierte Strahlentherapie kann das Leben bei Nasentumoren am ehesten verlängern. Hunde können mit dieser Behandlung 1–2 Jahre länger leben. Dennoch sind solche Tumore meist tödlich.

• Die beste Vorsorge für Haut-, Nasen- und Maulkrebs sind möglichst wenig UV-Strahlen. Halten Sie Ihren Hund fern von starker Sonneneinstrahlung.

ALTERNATIVE THERAPIEN

☐ HOMÖOPATHIE

Zwei Arzneien, die den Rückgang eines gutartigen Tumors fördern können, werden häufig empfohlen, vor allem wenn eine erfolglose Operation vorausgegangen ist. *Calcium fluoratum* C30 kann, 2-mal wöchentlich verabreicht, hilfreich sein, während *Calcium carbonicum* C30 vor allem bei jungen Hunden angezeigt ist.

OHRENERKRANKUNGEN

In der Regel ist das Innere des Ohres durch eine feine, weiche Wachs-schicht geschützt. Doch es gibt Vieles, was die Ohren reizen, ent-zünden und infizieren kann. Jede dieser Störungen kann unbehandelt zu komplizierteren Erkrankungen führen, und zwar zu Infektionen des Innenohres, Gehörverlust, Hämatomen (verletzte Blutgefäße in der Ohrmuschel, die eine Schwellung verursachen) sowie Hirnentzündun-gen. Die meisten Hunde teilen Ihnen durch Kratzen oder Schütteln bzw. Nicken des Kopfes mit, dass ihnen die Ohren Unbehagen bereiten. Rassen mit langen Schlappohren und engen Ohrkanälen sind besonders gefährdet, ebenso wie Hunde, die viel schwimmen oder an warmen, feuchten Orten leben.

URSACHEN

• Ohrmilben sind bei Welpen sehr häufig. Die mik-roskopisch kleinen Milben sind von Haaren umge-ben, die das Ohr des Tieres reizen, Juckreiz verur-sachen und dunkelbraune Rückstände hinterlassen. Milben verbringen ihr gesamtes Leben im Ohr und können auf andere Haustiere übertragen werden.

SYMPTOME

• Reizung
• Übler Geruch
• Ausfluss

• Häufig sind bei Hunden auch allergische Reaktionen auf Pollen, Schimmel, Pflanzen und Flöhe. Die betroffenen Hunde kratzen sich nicht nur am Ohr, sondern lecken häufig ihre Pfoten und reiben damit über das Gesicht. Ohrinfektionen, die mit Allergien zusammenhängen, treten immer wieder auf, bis die Ursache der Allergie festgestellt wird.

• Es gibt eine kleine Anzahl von Pilzen, die in der Regel im Ohr leben. Wenn sie sich zu stark vermehren, entsteht ein riechender Ohrenschmalz. Dunkle, tiefe Ohrkanäle mit wenig Luftaustausch bilden eine ideale Umgebung für die Vermehrung von Pilzen.

• Bei jeder Entzündung treten häufig Bakterien auf, die zu übelriechen-dem, eitrigem Ausfluss führen.

• Auch Ohrverletzungen (Gestrüpp oder übertrie-bene Reinigung) können Schmerzen und Entzün-dungen verursachen.

Mit Hilfe eines Ohrenspiegels untersucht der Tierarzt die Ohren.

THERAPIE UND SELBSTMASSNAHMEN

• Der Tierarzt wird den Ausfluss unter dem Mikroskop untersuchen und eine kombinierte Arznei verschreiben, die Ohrmilben und Pilze tötet. Er kann aber auch Allergie-Tests durchführen.

• Sehr effektiv sind selbst hergestellte Ohrreiniger. Vermischen Sie 1 TL Calendula und 1/2 TL Meersalz mit 250 ml Wasser. Hilfreich ist auch eine Mischung aus Weißweinessig und Wasser zu gleichen Teilen. Spritzen Sie die Lösung in jeden Ohrkanal und massieren Sie sie für 5–10 Sekunden ein. Entfernen Sie die Schmutzpartikel mit einem Wattebausch.

• Die Infektion ist geheilt, wenn Ausfluss, Unbehagen und Geruch verschwunden sind. Wenn Sie anschließend die Ohren Ihres Hundes einmal wöchentlich reinigen, können Sie Rückfälle vermeiden. Reinigen Sie die Ohren niemals tiefer, als Sie sie einsehen können.

Lange Schlappohren erlauben nur wenig Luftaustausch und sind sehr anfällig für Entzündungen und Infektionen.

Achtung

Wenn Ihr Hund aufgrund einer Ohreninfektion unentwegt kratzt und den Kopf schüttelt, können die Blutgefäße in der äußeren Ohrmuschel geschädigt werden. Blut sickert in die Ohrmuschel und führt zu einer Schwellung (auch als Hämatom oder Blutohr bekannt). Ihr Tierarzt wird das Blut operativ aussaugen müssen. Tumore und Polypen im Ohr werden ebenfalls durch den Tierarzt behandelt.

ALTERNATIVE THERAPIEN

▣ HOMÖOPATHIE

Verwenden Sie bei häufigen schweren Infektionen oder verstärktem Ohrenschmalz *Silicea* C30: 3 Gaben von je 2 ganzen oder 3 zerkleinerten Globuli alle 12 Stunden. Der Hund darf 30 Minuten vor und nach der Einnahme nicht fressen. Bei geröteten, gereizten und allergischen Ohren hilft *Pulsatilla* C6 (Küchenschelle): 30 Tage lang an jedem 3. Tag 1 Kügelchen. Der Hund darf 10 Minuten vor und nach der Einnahme nicht fressen. Bei chronischen Fällen kann der Tierarzt *Tellurium* C30 empfehlen. Die übliche Dosierung: 3 Tage lang 2-mal täglich je 1 Tablette und dann eine wöchentliche Dosis, bis die Entzündung abgeklungen ist.

STAUPE

Eine sehr ansteckende, durch Viren verursachte Hundekrankheit ist die Staupe, die die Lungen, das Gehirn und die Wirbelsäule angreift. Staupe gibt es überall dort, wo es Hunde gibt. Die Sterberate beträgt bei Welpen 80 % und bei ausgewachsenen Hunden 50 %. Das

Virus verbreitet sich durch die Luft ebenso wie über infizierte Wasser- und Futternäpfe und nicht zuletzt über Kot und Urin. Auch andere Tiere wie Füchse und Wölfe können das Staupe-Virus übertragen. Es gibt eine sehr effektive Impfung. Welpen erhalten in der Regel mehrere Grundimpfungen, die jährlich aufgefrischt werden müssen.

THERAPIE UND SELBSTMASSNAHMEN

• Unverzügliche Behandlung ist die beste Überlebenschance für Ihren Hund. Da es keine spezifische Heilung gibt, bleibt nur die unterstützende Pflege. Umso jünger der Hund ist, desto größer ist das Risiko, weil das Immunsystem in diesem Lebensalter noch nicht voll entwickelt ist.

• Der Tierarzt wird dem Hund, solange er erbricht und Durchfall hat, intravenös Flüssigkeit verabreichen. Sobald das Erbrechen aufhört, wird Flüssigkeit über das Maul gegeben. Versuchen Sie es mit Gemüsebrühe oder Honigwasser (1 TL Honig in einer Tasse Wasser).

• Steigern Sie langsam die Futtermenge, wenn der Durchfall es zulässt. Bieten Sie dem Hund 4- bis 6-mal täglich kleine Mengen püriertes Futter an und folgen Sie den Ratschlägen zur Behandlung von Durchfall (S. 30).

• Die Fußballen werden durch das Virus dick und bilden Verhornungen. Daher wird die Staupe manchmal auch als »harter Ballen« bezeichnet. Die ernsteren Symptome jedoch resultieren aus der Wirkung des Virus auf das Gehirn. Der Hund leidet unter Anfällen mit Kopf- und Augenzucken sowie Klappern der Kiefer, er kann kollabieren und Lähmungen erleiden.

SYMPTOME

• Zunächst erinnern die Symptome an eine starke fiebrige Erkältung (Körpertemperatur 39,5–40,5 °C).
• Tränende Augen und laufende Nase mit dickem, gelblich-grünem Eiter; später können Husten, Erbrechen, Durchfall und Gewichtsverlust hinzukommen.
• Im Endstadium ist auch das Nervensystem betroffen (es kann über einen Monat dauern); Muskelzucken, Lähmungen, Krämpfe und Tod können folgen.
• Bei den Hunden, die überleben, kann das Muskelzucken bleiben.

1

Achtung

Verhaltensänderungen können die Folge einer vorangegangenen Staupe sein. Koordinationsverlust und eine hoch ausholende Gangart sind allgemeine Anzeichen, ebenso wie sich wiederholende Verhaltensmuster wie ständiges Auf- und Abgehen. Die genaue Ursache ist unklar, aber man nimmt an, dass es sich um virusbedingte degenerative Veränderungen im Gehirn handelt.

• Die Hunde, die sich von der Staupe erholen, können unter Veitstänzen leiden oder behalten ein unkontrollierbares, rhythmisches Muskelzucken, meist im Gesicht.

• Bei Welpen können als Folge der Staupe fleckige Zähne verbleiben. Die dunklen Flecken zeigen eine Schädigung des äußeren, weißen Zahnschmelzes. Diese Hunde sind auch sehr anfällig für Pusteln am Unterleib, auch wenn diese bei einer entsprechenden Behandlung wieder verschwinden.

Die Staupe-Impfung ist bei jungen Hunden sehr effektiv.

ALTERNATIVE THERAPIEN

⊠ HEILPFLANZEN
Verwenden Sie eine Konjunktivitis-Kräuter-Lösung aus 10 EL Rosmarin und 5 EL Thymian, die Sie für 15 Minuten in 1 l Wasser kochen. Nach dem Abkühlen reinigen Sie damit Augen und Nase mehrmals täglich.

Geben Sie 1–2 Tropfen Mandelöl auf die Augenlider und die verhornte Nase.

☐ HOMÖOPATHIE
Distemperinum C30, 2-mal täglich gegeben, kann hilfreich sein. Geben Sie Pulsatilla C6 bei dickflüssigem Augenausfluss, 1 Kügelchen alle 4 Stunden.

ZWINGERHUSTEN

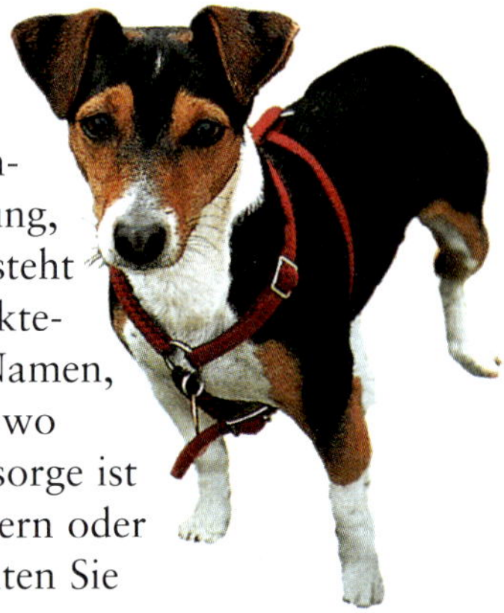

Der Zwingerhusten ist eine sehr ansteckende, über die Luft übertragbare Erkrankung, die die Atemwege bei Hunden befällt. Er entsteht in der Regel durch eine Kombination von Bakterien und Viren. Die Krankheit erhielt ihren Namen, weil sie sich besonders dort rasch ausbreitet, wo Hunde eng beieinander liegen. Die beste Vorsorge ist die Impfung. Lebt Ihr Hund häufig in Zwingern oder hat er viel Kontakt mit anderen Hunden, sollten Sie sie zweimal jährlich wiederholen.

URSACHEN

- Hunde können die Krankheit überall dort bekommen, wo auch viele andere Hunde sind, sie können aber auch von einem einzigen Hund infiziert werden.
- Die meisten Erkrankungen werden durch das Bakterium *Bordetella bronchoseptica* verursacht.
- Auch andere Viren können beteiligt sein, ebenso wie andere Bakterien.

THERAPIE UND SELBSTMASSNAHMEN

Die Behandlung ist symptomatisch; ausgerichtet auf Linderung des Hustens und Vermeidung einer bakteriellen Sekundärinfektion. In den meisten Fällen heilt die Krankheit spontan nach 2 oder 3 Wochen, doch Sie können es mit einem Hustenstiller, den Sie von Ihrem Tierarzt erhalten, für Ihren Hund angenehmer machen.

SYMPTOME

- Das Hauptsymptom ist ein trockener, hackender Husten. Sie werden vermuten, dass der Hund etwas in die Kehle bekommen hat oder versucht zu erbrechen. Der Husten kann von Würgen begleitet werden.
- Jede Berührung der Kehle löst den Husten aus. Verwenden Sie ein Geschirr anstelle eines Halsbandes und vermeiden Sie, Druck auf die Kehle auszuüben.

ALTERNATIVE THERAPIEN

HEILPFLANZEN

Regelmäßige Gaben eines Kräuter-Hustenstillers wie Flatterulme können hilfreich sein. Lassen Sie den Sirup vorsichtig mit einer 5-ml-Spritze ohne Nadel in das Maul fließen.

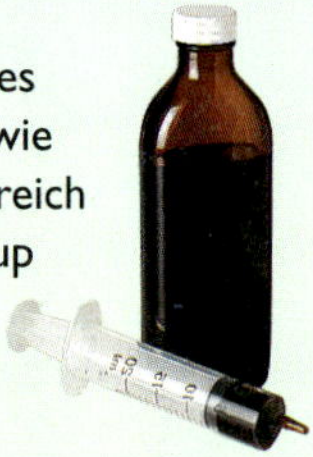

HOMÖOPATHIE

Ipecacuanha C6 verschafft Linderung bei ständigem Husten. Alternativ kann *Drosera* C6 (Sonnentau) hilfreich sein. Verabreichen Sie es dem Hund in den ersten 5 Tagen 2-mal täglich und dann 2-mal wöchentlich, bis die Symptome verschwunden sind.

DAS VERDAUUNGS-SYSTEM

Störungen in Magen oder Darm haben bei Hunden eine Vielzahl von Ursachen: Aufnahme von verdorbenem Futter oder Fremdkörpern; Infektionen durch Bakterien oder Viren; Parasiten, vor allem Würmer; Allergien; Erkrankungen anderer Organe (Nieren, Leber, Bauchspeicheldrüse und Diabetes). Zu den allgemeinen Anzeichen gehören Erbrechen, Durchfall, Verstopfung, Appetitverlust und Leibschmerzen. Die meisten früherkannten und behandelten Erkrankungen reagieren gut auf Ernährungsumstellungen und Medikamente. Chronische (langwierige) Krankheiten erfordern mehr Zeit und Geduld. Eine Veränderung des Appetits oder der Beschaffenheit des Stuhls sind meist die ersten Anzeichen einer Erkrankung.

AUSGEWOGENE ERNÄHRUNG

Eine ausgewogene Ernährung ist wichtig für die Gesundheit Ihres Hundes. Im Handel erhältliche Fertigfutter sind preiswert und ihre Zusammensetzung unterliegt strikten Regelungen und Kontrollen durch die Anbieter. Auf dem Etikett sollte zu lesen sein, dass das Futter all das enthält, was der Hund je nach Lebensumständen und Alter benötigt. Sie können zwischen Fertigfutter wählen, das für Welpen, ausgewachsene sowie ältere Hunde geeignet ist. Bei Premium-Futter können nen Sie auch die Resultate von Futterexperimenten erhalten, wenn Sie danach fragen. Im Allgemeinen sollte jeder Hund pro Tag mindestens zwei Mahlzeiten bekommen. Sie sollten eine bestimmte Menge nicht überschreiten, für 20–30 Minuten stehen bleiben und anschließend entfernt werden. Beachten Sie bei der Frage, was und wie viel Sie füttern, die körperliche Verfassung Ihres Hundes sowie sein Gewicht. Naschereien sollten weniger als 5 % der Nahrung ausmachen. Verfüttern Sie nur gesunde Leckereien wie geriebene Karotten oder anderes Gemüse. Die eigene Herstellung von Futter erfordert mehr Zeit, ist aber die Mühe wert.

WAS BRAUCHT IHR HUND?

• Der tägliche Kalorienbedarf variiert mit Alter, Aktivität und Stoffwechsel. Durchschnittlich benötigt ein ausgewachsener Hund:
klein (7–16 kg) 600–900 Kalorien;
mittel (16–25 kg) 900–1500 Kalorien;
groß (25–38 kg) 1500–2000 Kalorien.
• Kohlenhydrate bilden die wichtigste Energiequelle. Sie müssen gekocht werden, damit sie leichter verdaulich sind.
• Fett ist eine weitere Energiequelle. Bestimmte Fettsäuren müssen im Hundefutter unbedingt enthalten sein.

• Proteine werden benötigt, um Muskeln zu bilden und zu erhalten. Einige Proteinkomponenten – wie die Aminosäuren – müssen vorhanden sein, um Mangelerscheinungen zu verhindern.
• Für die Gesundheit eines Hundes sind mindestens 13 Vitamine nötig.
• Mineralien sind nicht nur zur Bildung gesunder Knochen notwendig, sondern auch für den reibungslosen Ablauf verschiedener Stoffwechselprozesse im Körper, wie z. B. für die korrekte Funktion der Schilddrüse.

FUTTERARTEN

Achtung

Folgen Sie sorgfältig den Anweisungen zur Fütterung. Wenn Sie die empfohlenen Mengen überschreiten, wird Ihr Hund über kurz oder lang deutlich an Gewicht zunehmen.

2

• Dosenfutter schmeckt am besten, ist aber auch am teuersten. Es enthält das meiste Wasser (60–80 %) und die wenigsten Konservierungsmittel. Dosenfutter wird auf 49 °C erhitzt und dadurch sterilisiert, so dass es über ein Jahr frisch bleibt.

• Trockenfutter ist günstig und preiswert, hält sich jedoch nur ein halbes Jahr. Es enthält viele Konservierungsmittel, die antioxidierend wirken, damit das Fett nicht ranzig wird. Es ist wichtig, dass Ihr Hund jederzeit Zugang zu sauberem Trinkwasser hat, vor allem wenn er Trockenfutter bekommt. Ohne ausreichende Flüssigkeit kann Ihr Hund ernsthaft austrocknen, und Nierenerkrankungen können die Folge sein.

• Semi-Feuchtfutter enthält ca. 35 % Wasser. Es hält sich ca. 9 Monate frisch und enthält Propylenglykol, Wasser und Konservierungsmittel. Es werden auch Antioxidierungsmittel zugefügt, um das Fett vor dem Ranzigwerden zu bewahren. Da die Konservierungsmittel Zucker enthalten, ist dieses Futter für diabetische Hunde nicht geeignet.

• Nichts kann eine insgesamt ausgewogene Ernährung ersetzen, aber gezielte Ergänzungen können eine gesunde Ernährung noch gesünder machen. Ferner lassen sich allgemeine Probleme wie Arthritis oder Alterserscheinungen – schlechtes Fell oder herabgesetzte Aktivität – nicht immer nur durch eine Änderung der Ernährung lindern. Doch durch die Identifizierung des spezifischen Problems und gezielt eingesetzte Nahrungsergänzungen können zahlreiche Leiden behoben werden. Geben Sie jedoch niemals der Versuchung nach, zu viel zu geben, denn dies wiederum kann für die Gesundheit Ihres Vierbeiners gefährlich sein.

Trockenfutter schmeckt einem Hund am wenigsten.

Futter auf Fleischbasis kann auch nervöse Fresser verführen.

ERBRECHEN

2

Gelegentliches Erbrechen ist bei einem gesunden Hund in der Regel kein Grund zur Beunruhigung. Ständiges Erbrechen jedoch, ob mit oder ohne Anzeichen einer Erkrankung wie Appetitverlust, Depressivität, Lethargie, Verstopfung oder Durchfall, bedeutet, dass es an der Zeit ist, Ihren Tierarzt aufzusuchen, damit die Ursache gefunden werden kann. Eine ernste Austrocknung als Folge starken Erbrechens kann zu schwereren Erkrankungen führen, wenn sie unbehandelt bleibt. Durch das Erbrechen werden Futter, Säuren und Enzyme aus Magen und Darm ausgestoßen. Während des Erbrechens können Sie sehen, wie die Bauchmuskeln Ihres Hundes sich zusammenziehen, wodurch dieses von bloßem Würgen zu unterscheiden ist.

URSACHEN

- Nahrungsmittel: raues, extrem fettes Futter oder Tischreste
- Fremdkörper: Knochen, Gummibälle, Steine
- Parasiten: Spul- und Hakenwürmer (S. 38), vor allem bei Welpen
- Vireninfektion: Staupe (S. 22) und Parvovirose (S. 31)
- Erkrankungen: Diabetes (S. 69), Krebs und Tumore sind häufig mit Blut im Erbrochenen verbunden.
- Gift: Haushaltsreiniger, Rattengift, Frostschutzmittel, Pestizide
- Reisekrankheit (im Auto)
- Stress / Gefühle: übermäßige Aufregung

SYMPTOME

Vor dem Erbrechen:
- Sabbern
- Übelkeit
- Stöhnen und Jaulen
- Gurgeln und laute Magengeräusche

THERAPIE UND SELBSTMASSNAHMEN

- Es gibt einen Unterschied zwischen Erbrechen und Würgen. Letzteres ist der spontane Ausstoß der Nahrung, bevor sie den Magen erreicht. Es spricht für ein Problem des Ösophagus (Einschnürung oder Verstopfung) und muss tierärztlich behandelt werden. Das Futter wird direkt nach dem Fressen plötzlich wieder ausgestoßen und sieht noch vollständig unverdaut aus. Es tritt in der Regel bei Welpen auf, wenn sie beginnen, normales Futter zu fressen, und kommt so plötzlich, dass es den Hund genauso überrascht wie Sie.

- Geben Sie Ihrem Hund nach starkem Erbrechen für 12–24 Stunden weder Futter noch Wasser. Eine Nahrungsaufnahme in dieser Zeit verschlimmert das Erbrechen. Erlauben Sie Ihrem Hund gelegentlich Eiswürfel zu lutschen oder geben Sie ihm kleinere Mengen Hühnerbrühe. Am zweiten Tag können Sie ihm etwas pürierte Hühner- oder Truthahnbrust anbieten, und zwar 4- bis 6-mal täglich. Fügen Sie gekochten Naturreis und rohes, gehacktes Gemüse hinzu. Am dritten Tag können Sie allmählich kleine Portionen des normalen Hundefutters untermischen, geben Sie 3–4 Mahlzeiten am Tag. Am Ende der Woche sollte die Anzahl der täglichen Mahlzeiten wieder auf 2 zurückgegangen sein.

• Bei leichtem Erbrechen geben Sie 8 EL frische Petersilie in 1 Tasse Wasser. 5 Minuten kochen, abseihen und abkühlen lassen. Rühren Sie 1 TL Honig unter und geben Sie Ihrem Hund alle 10 Minuten je 1 EL dieser Flüssigkeit. Alternativ können Sie 8 EL frischen Thymian oder Rosmarin mit 2 Tassen kochendem Wasser übergießen. 10 Minuten ziehen lassen und abseihen. Nach dem Abkühlen geben Sie dem Hund 1 TL alle 10 Minuten. Anschließend bekommt er 4 Stunden lang stündlich 1 TL Rescue-Notfalltropfen. Für den Rest des Tages erhält das Tier nur Honigwasser (1 EL Honig in 1 l warmem Wasser). Verfüttern Sie am nächsten Tag eine leichte Mahlzeit oder Gemüsebrühe und führen Sie anschließend allmählich das normale Futter wieder ein.

• Suchen Sie Ihren Tierarzt auf, wenn das Erbrechen anhält. Blutuntersuchungen können Leber- und Nierenerkrankungen, Diabetes, Krebs oder Allergien anzeigen. Durch eine Röntgenuntersuchung des Unterleibs können Fremdkörper oder Krebs festgestellt werden.

2

Achtung

Wenn Ihr Hund wiederholt Gras frisst und dann erbricht, kann dies auf eine Verwurmung hindeuten. Suchen Sie unverzüglich Ihren Tierarzt auf, wenn Sie Blut im Erbrochenen feststellen. Ein Welpe, der sich auch nach einem Tag nicht erholt hat, muss unbedingt untersucht werden. Behandeln Sie Ihren Hund niemals mit Ihren Medikamenten, wie etwa Aspirin.

ALTERNATIVE THERAPIEN

🔲 HOMÖOPATHIE

Bei leichtem Erbrechen kann *Nux vomica* C6 (Brechnuss) hilfreich sein: 1 Kügelchen alle 4 Stunden. Ist nach 24 Stunden keine Besserung eingetreten, empfiehlt sich *Pulsatilla* C6 (Wiesenküchenschelle): 1 Kügelchen alle 4 Stunden bis zum Abklingen der Symptome. 10 Minuten vor und nach der Einnahme darf der Hund nicht fressen.

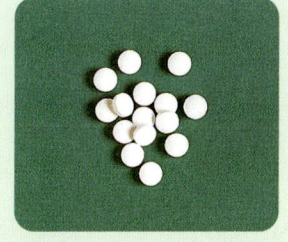

2

DURCHFALL

Durchfall besteht aus anormal häufigem, weichem oder flüssigem Stuhlgang. Er tritt auf, wenn im Darm aufgelöste Substanzen verstärkt Wasser benötigen, um durch den Darm zu gelangen. Dadurch kommt es zur gesteigerten Absorption der Nahrung. Ebenso kann es zu einer gesteigerten Sekretion von Elektrolyten in den Darm kommen, die dem Körper dann verloren gehen. Durchfall ohne Anzeichen einer Erkrankung, der nicht länger als 24 Stunden anhält, kann auch nützlich sein. Es ist ein Abwehrmechanismus, durch den der Körper sich selbst reinigt. Hält der Durchfall länger als 24 Stunden an, ob mit oder ohne Anzeichen einer Erkrankung, muss der Hund zum Tierarzt.

Das Herum-
wühlen in Müll-
tonnen kann
zu Durchfall
und Erbrechen
führen.

URSACHEN

• Aufnahme schlechter Nahrung
• Stress
• Chronische Erkrankungen
• Parasiten (speziell bei Welpen)
• Allergie

SYMPTOME

• Flüssiger Stuhl
• Häufiger Stuhlgang
• Allgemeine Lethargie
• Unmäßiger Durst
• Blut im Stuhl

SELBSTMASSNAHMEN

• Füttern Sie 4-mal täglich kleine Mahlzeiten. Am besten sind magere Proteine (Geflügel oder Fisch). Lassen Sie Ihren Hund die ersten 12–24 Stunden fasten, geben Sie ihm aber ausreichend Flüssigkeit. Am 2. Tag erhält er püriertes Hühnerfleisch. Fügen Sie biologischen Jogurt oder entsprechende *Acidophilus*-Bakterien-Kulturen hinzu, um die nützlichen Darmbakterien wieder zu ersetzen. Am 3. Tag

kommt Gemüse als Ballaststofflieferant zum Brei. Die Ballaststoffe wirken wie ein Schwamm, der das Wasser aus dem Stuhl zieht und diesen wieder festigt. Am 4. Tag fügen Sie weißen Reis hinzu, den Sie am 5. Tag durch Naturreis ersetzen. Am 6. Tag können Sie beginnen, jeweils ein Viertel des normalen Futters unterzumischen.

Schonkost beruhigt den Darm.

THERAPIE

• Es ist nützlich, wenn Sie dem Tierarzt angeben können, wann der Durchfall begann, wie oft er auftritt, ob der Hund presst, wie der Stuhl beschaffen ist (blutig, schwarz, schleimig) und ob der Hund etwas Ungewöhnliches gefressen hat. Der Tierarzt kann den Kot auch auf Würmer untersuchen.

• Bei langanhaltenden oder wiederkehrenden Durchfallerkrankungen mit oder ohne Gewichtsverlust sind häufig Blutuntersuchungen (zur Feststellung innerer Erkrankungen, Bakterien oder Viren), Röntgenuntersuchungen zur Feststellung eines Fremdkörpers oder Krebsgeschwürs, Bakterienkulturen des Stuhls (etwa Salmonellen) oder Darmbiopsien angezeigt.

2

PARVOVIROSE

• Die Parvovirose ist eine weltweit verbreitete tödliche Infektionskrankheit bei Hunden, auch wenn sie heute durch Impfungen unter Kontrolle ist. Das Virus ist sehr ansteckend und wird durch Kontakt mit infiziertem Kot übertragen. Die Parvovirose greift den Darmtrakt und das Herz an. Die Symptome sind: Erbrechen, stark riechender, in der Regel blutiger Durchfall und Kollaps.

• Wichtig ist unverzügliche tierärztliche Behandlung; die meisten nicht geimpften Welpen sterben. Eine intravenöse Flüssigkeitszufuhr ist notwendig, um die Verluste durch Erbrechen und Durchfall auszugleichen. Jede Medikation erfolgt bis zum Abklingen des Erbrechens intravenös. Danach können Sie Ihrem Hund wieder direkt Flüssigkeit und Schonkost anbieten.

ALTERNATIVE THERAPIEN

✄ HEILPFLANZEN
Mischen Sie 2 Acidophilus-Kapseln unter jede Mahlzeit, bis der Stuhl wieder fest ist. Alternativ können Sie Pillen aus 8 EL gehackten Salbeiblättern und 2 gehackten Knoblauchzehen herstellen. Vermischen Sie die Masse mit Honig und formen Sie kleine Kügelchen. Ihr Hund erhält sie 3-mal täglich: bei kleinen Hunden je 1 Pille, bei großen Hunden 2–4 Pillen. In Apotheken erhältliche Aktivkohle absorbiert Giftstoffe. Lösen Sie bis zu 3 Kohletabletten (abhängig von der Größe Ihres Hundes) in Wasser auf und geben Sie dies Ihrem Hund zu trinken. Nicht länger als 2 Tage anwenden, da Aktivkohle auch die nützlichen Substanzen im Körper absorbieren kann.

▨ HOMÖOPATHIE
Bei leichten Darmproblemen eignet sich *Arsenicum album* C6 (Weißer Arsenik): 3-mal 1 Kügelchen alle 4 Stunden. Kein Futter 10 Minuten vor und nach der Einnahme.

Aktivkohle-Tabletten

VERSTOPFUNG

Gelegentlich können Hunde unter Verstopfung leiden. Als Verstopfung gilt seltener oder fehlender Stuhlgang mit zurückbleibendem Kot im Darm. Ältere und weniger aktive Hunde sind besonders anfällig. Zu den Anzeichen einer Verstopfung zählt starkes Pressen mit oder ohne trockenen Kot. Als Ursachen gelten ungeeignete Nahrung (Abfälle, Naschereien); Mangel an Ballaststoffen in der Nahrung; Wassermangel (Austrocknung); Bewegungsmangel; Krankheit und Übergewicht. Es ist auch möglich, dass der Hund unter einer Nierenerkrankung, Tumoren, einem analen Abszess oder einem Beckenbruch leidet.

SELBSTMASSNAHMEN

• Erhöhen Sie den Ballaststoffanteil in der Nahrung. Fügen Sie dem normalen Hundefutter frisches Gemüse (4 EL gehacktes, rohes Gemüse pro 4,5 kg), gekochten braunen Reis oder Weizenkleie zu. Als anhaltende Vorsorge können Sie gekauftes Futter mit Ballaststoffen anreichern (10 % mehr als auf dem Etikett angegeben). Erhöhen Sie auch die Flüssigkeitszufuhr.

• Stellen Sie sicher, dass Ihr Hund ausreichend Bewegung hat, um die Verdauung zu fördern.

• Suchen Sie Ihren Tierarzt auf, damit er die Ursache und die Behandlung bestimmen kann.

Häufig leiden ältere Hunde, die zu wenig trinken, unter Verstopfung.

ALTERNATIVE THERAPIEN

✠ HEILPFLANZEN
Mischen Sie 2 EL Sonnenblumenöl unter die Abendmahlzeit (3-4 EL bei großen Hunden). Weichen Sie bei starker Verstopfung für kleine Hunde 4 getrocknete Pflaumen in Wasser auf und vermischen Sie sie mit Haferbrei und ein wenig Milch. Große Hunde benötigen 6–8 getrocknete Pflaumen, auf dieselbe Weise zubereitet.
Pflanzen Sie Hafer und Weizen in gemischten Töpfen an und lassen Sie Ihren Hund daran fressen. Stellen Sie sicher, dass er auch Gras fressen kann.

✠ HOMÖOPATHIE
Um einer Magenverstimmung entgegenzuwirken, geben Sie *Nux vomica* C6 (Brechnuss); 3 Tage lang je 1 Kügelchen alle 12 Stunden. Bei unterernährten Hunden hilft *Silicea* C6 (Kieselsäure): 3 Tage lang je 1 Kügelchen alle 12 Stunden. Der Hund darf 10 Minuten vor und nach der Einnahme nicht fressen.

MAGENDREHUNG

Manche Blähungen können für Hunde lebensbedrohlich werden. Der Magen füllt sich mit Gas und Flüssigkeit (einfache Blähung) und kann sich eventuell drehen (komplexe Blähung). Große Rassen mit einem tiefsitzenden Brustkorb sind besonders anfällig, die exakte Ursache ist allerdings unbekannt. Das typische Szenario ist, dass der Hund eine große Mahlzeit frisst, viel Wasser trinkt und dann draußen herumtobt. Wenn er zurückkommt, ist der Magen angeschwollen und der Hund sabbert, würgt und rülpst. Er wirkt erst ruhelos (steht auf und legt sich wieder hin), anschließend depressiv und schwach, bis er schließlich kollabiert.

2

THERAPIE UND SELBSTMASSNAHMEN

• Um eine einfache Blähung zu behandeln, wird zur unmittelbaren Linderung ein Rohr in den Magen geschoben, um die Luft herauszudrücken.

• Bei einer Magendrehung kann das Magenrohr nicht in den Magen gelangen, weil der Ösophagus verdreht ist. Eine Operation ist notwendig, damit sich der Magen bei erneuten Blähungen nicht mehr drehen kann.

• Am wichtigsten ist die Vorsorge. Füttern Sie Ihren Hund anstatt mit einer großen Mahlzeit 3- bis 4-mal täglich mit kleineren Mengen. Schränken Sie die Wasseraufnahme nach dem Fressen ein, da eine rasche Vermischung von Wasser und Futter die Gasbildung beschleunigt. Eine Stunde vor und zwei Stunden nach den Mahlzeiten sollte der Hund sich ruhig verhalten und nicht herumtoben.

SYMPTOME

• Verstärkter Speichelfluss
• Plötzliches Auftreten starker Schmerzen
• Aufgetriebener Bauch

ALTERNATIVE THERAPIEN

⊠HEILPFLANZEN
Auch wenn starke Blähungen ein Notfall sind und tierärztliche Behandlung erfordern, kann frischer Kohlsaft Linderung bringen.

⊡HOMÖOPATHIE
Nux moschata C30 (Muskat), 3-mal hintereinander im 15-Minuten-Takt eingenommen, kann hilfreich sein. *Carbo vegetabilis* C30 (Holzkohle) kann zwar die Gasbildung nicht unbedingt verringern, lindert aber begleitende Schockzustände.

FUTTERALLERGIEN

Eine Nahrungsmittelallergie ist eine Überreaktion auf bestimmte Nahrungsbestandteile, häufig auf Proteine. Blaseninfektion (Zystitis), Verdauungsschwierigkeiten wie Erbrechen oder Durchfall sowie Juckreiz gehören zu den Anzeichen einer Futterallergie. Durch den Juckreiz kommt es oft zu bakteriellen Sekundärinfektionen der Haut.

URSACHEN

2

Ein Drittel der Futterallergien wird durch Proteine in der Nahrung verursacht. Zu den häufigsten Allergenen zählen Rindfleisch, Molkereiprodukte (Milch, Käse und Eier), Hühnerfleisch, Weizen, Roggen und Tofu (Soja-Allergie). Auch Leckereien und künstliche Vitamine können Gegenreaktionen verursachen. Sie müssen also alles in Betracht ziehen, was Ihr Hund frisst. Ist das Allergen einmal erkannt, muss es aus dem Futter verschwinden.

SELBSTMASSNAHMEN

• Die einzige Möglichkeit, die wahre Ursache einer Futterallergie herauszufinden, ist eine Ausschlussdiät. Eine einzige Proteinsorte wird 12 Wochen lang gegeben, um zu prüfen, ob sich die Verfassung des Hundes stabilisiert. Anschließend wird alle 5–7 Tage je ein Nahrungsmittel hinzugegeben, bis die Allergie erneut auftritt. Notieren Sie sich, was Sie wann füttern, so können Sie schnell herausfinden, welches Nahrungsmittel die Allergie verursacht.

• Damit die Ausschlussdiät funktioniert, müssen Sie Ihrem Hund Proteine geben, die er nie zuvor bekommen hat, etwa Kaninchen, Hammel oder Wild.

• Benutzen Sie immer destilliertes oder abgekochtes Wasser, das Sie kühl lagern. Das Wasser darf kein Chlor enthalten.

• Möglich ist auch eine Diät mit rohem Fleisch, da es nicht dieselben allergischen Reaktionen hervorruft wie gekochtes Fleisch.

• Eine Futterallergie bleibt ein Leben lang, aber wenn Sie einmal das auslösende Allergen identifiziert haben, werden Sie viele andere Nahrungsmittel finden, in denen es nicht enthalten ist, die aber trotzdem eine ausgewogene Ernährung gewährleisten. Ihr Tierarzt wird Ihnen dabei gerne helfen.

ALTERNATIVE THERAPIEN

HOMÖOPATHIE

Hoch dosiertes Vitamin C fungiert als Antihistamin und lindert den Juckreiz. Empfohlen wird eine tägliche Dosis von 1000 mg.

Vitamine der B-Gruppe als Nahrungsergänzung sind ebenfalls hilfreich. Geben Sie Ihrem Hund – je nach Größe – täglich 1/2 bis 1 Tablette.

ANALDRÜSEN-ENTZÜNDUNG

W enn Ihr Hund mit seinem Hinterteil über den Fußboden rutscht, sich in der Analgegend leckt oder beißt, können die Analdrüsen die Ursache sein. Sie enthalten ein dickflüssiges Sekret und entleeren sich in der Regel während des Stuhlgangs, manchmal aber nicht vollständig. Das Drüsensekret dickt ein und führt zu Entzündungen und Abszessen.

2

SYMPTOME

- Ihr Hund schiebt sich im Sitzen mit den Vorderpfoten nach vorne.
- Er beißt und knabbert an der Analgegend.
- Die Rückstände in den Drüsen können sich infizieren und es bilden sich Abszesse an der Außenfläche des Afters.

THERAPIE UND SELBSTMASSNAHMEN

- In den meisten Fällen löst die Ausübung von Druck auf die Analdrüsen das Problem. Medikamente können die Entzündung lindern und Infektionen behandeln. Entzünden sich die Analdrüsen häufiger, ist ihre operative Entfernung die beste, aber auch die teuerste Lösung. Bei wiederholten Entzündungen sollten Sie Ihren Tierarzt bitten, die Analdrüsen monatlich zu untersuchen, um Verschlüsse und Abszesse zu vermeiden.

- Heiße Umschläge können die Schmerzen lindern. Alternativ können Sie den Hund 2-mal täglich für je 10 Minuten in eine Wanne mit nicht zu heißem Wasser setzen, in das Sie 2 Tassen Epsomer Bittersalz gegeben haben. Nach dem Trocknen eine dünne Schicht Öl auf die Analgegend streichen.

ALTERNATIVE THERAPIEN

✠ HEILPFLANZEN

Eine ballaststoffreiche Nahrung fördert die Entleerung der Analdrüsen. Verfüttern Sie reichlich Getreide (z. B. Hafer) und Samen und stellen Sie sicher, dass Ihr Hund ausreichend Bewegung hat, da Analdrüsen in einem gesunden Körper seltener erkranken.

Haferkleie

⬚ HOMÖOPATHIE

Silicea C6, 3 Tage lang 2-mal täglich, kann hilfreich sein. Bei Anzeichen eines Abszesses wird die tägliche Gabe von Hepar sulfuris C30 empfohlen. In der Regel dauert die Behandlung 5 Tage. Lassen Sie Ihren Tierarzt prüfen, ob die Drüsen vollständig entleert sind, um das Risiko einer erneuten Infektion zu verringern.

ÜBERGEWICHT

Fast die Hälfte aller Hunde ist klinisch übergewichtig – d. h. ihr Körpergewicht liegt um mindestens 15 % über dem Idealgewicht. Generell sind mehr Hündinnen als Rüden betroffen. Sicherlich spielen hormonelle und genetische Einflüsse ebenso eine Rolle wie individuelle Unterschiede in Stoffwechsel und Appetit, doch der Hauptgrund für übergewichtige Hunde sind ihre Besitzer, die Ihre Haustiere mit Leckereien verwöhnen und ihnen überdimensionierte Mahlzeiten anbieten.

2

URSACHEN

• Überfressen
• Mangelnde Aktivität
• Kastration oder Sterilisation
• Hormonelle Störungen

DAS KÖRPERGEWICHT

• Ob Ihr Hund übergewichtig ist oder nicht, können Sie an den Rippen prüfen – Sie sollten sie fühlen, aber nicht sehen können. Wenn Ihr Hund seine Taille verloren hat, ist es Zeit, einen Schritt kürzer zu treten.

• Es ist leichter, Übergewicht zu vermeiden, als Ihren Hund abnehmen zu lassen.

• Bevor Sie mit Ihrem Hund eine Abmagerungsdiät beginnen, sollten Sie diese mit Ihrem Tierarzt durchsprechen. Es ist wichtig, im Vorfeld gesundheitliche Probleme auszuschließen, die ebenfalls Übergewicht verursachen können, wie Herz- und Lebererkrankungen oder eine Schilddrüsenunterfunktion.

> **Achtung**
>
> Wenn Ihr Hund nur wenig Auslauf gewohnt ist, sollten Sie ihn auch nicht auf lange Wanderungen mitnehmen; regelmäßige Spaziergänge sind besser geeignet, als ihn mit einem gelegentlichen Marathon zu erschöpfen.

Regelmäßige Gewichtskontrolle ist wichtig und sinnvoll.

2

SELBSTMASSNAHMEN

• Füttern Sie Ihren Hund mit einer proteinhaltigen, ballaststoffreichen (mehr als 15 %) und fettarmen (weniger als 10 %) Nahrung. Ballaststoffe quellen auf und füllen den Magen. Gleichzeitig müssen Sie die Anzahl der täglichen Kalorien um 20 % senken. Geben Sie Ihrem Hund 2 Kelptabletten täglich, um die Bildung von Fettsäuren zu kontrollieren. Setzen Sie sich zu Beginn eine Gewichtsreduzierung von höchstens 15 % zum Ziel.

• Steigern Sie die Anzahl der Mahlzeiten auf 6 täglich. Umso mehr Mahlzeiten der Hund bekommt, desto mehr wird sein Stoffwechsel zur Kalorienverbrennung angeregt. Bieten Sie Ihrem Hund das Futter für 20 Minuten an und entfernen Sie es dann. Geben Sie ihm keine Tischreste und reduzieren Sie Leckereien auf höchstens 5 % der täglichen Nahrung. Versuchen Sie es mit gesunden Leckereien wie frischem Gemüse, z. B. weißen Spargelköpfen.

• Wiegen Sie Ihren Hund wöchentlich: Befestigen Sie eine Tabelle mit einem »Davor«-Foto an Ihrer Kühlschranktür. Auch wenn Ihr Hund sein Idealgewicht erreicht hat, sollten Sie bei einer »leichten« Nahrung verbleiben. Beobachten Sie in den nächsten 2 Monaten sorgfältig sein Gewicht. In den folgenden 6 Monaten wiegen Sie ihn monatlich, dann 4-mal im Jahr.

• Versuchen Sie, Ihrem Hund wenigstens 20 Minuten täglich Bewegung zu verschaffen. Beginnen Sie mit zwei 10-Minuten-Spaziergängen, die Sie allmählich steigern können.

VERWURMUNG

Die häufigsten Endoparasiten bei Hunden sind Rundwürmer, Hakenwürmer, Spulwürmer und Bandwürmer. Rund- und Hakenwürmer können auf den Menschen übertragen werden, wo sie Eingeweide, Augen, Gehirn oder andere Organe befallen und zu Erblindung, Organschäden und in seltenen Fällen zum Tod führen können.

2

SYMPTOME

- Junge Welpen, die mit einem starken Wurmbefall geboren werden, leiden häufig unter Husten, haben raues Fell und einen harten Bauch. Gelegentlich kommt es zu Erbrechen und Durchfall.
- Wenn sie älter werden, wachsen sie nur langsam. Sie leiden unter Erbrechen, Durchfall und einem geschwollenen Bauch.
- Bei Bandwürmern sind die weißen, Eier enthaltenden Glieder um den After erkennbar. Bandwürmer verursachen nur wenig Symptome, doch der Hund knabbert bei einem starken Befall häufig an seinem After.
- Durchfall und Gewichtsverlust deuten auf die Anwesenheit von Spulwürmern hin.

URSACHEN

Rundwurm

- Alle Welpen werden mit Rundwürmern in ihren Lungen geboren. Ab einem Lebensalter von 3 Wochen können die Eier in ihren Kot gelangen. Wenn diese Eier nach dem Ausscheiden verschluckt werden, kann es zu weiteren Infektionen kommen. Die Aufnahme von Eiern über den Boden kann auch zu einem Befall von Haken- oder Spulwürmern führen. In der Regel sind Eier und Würmer mikroskopisch klein, doch bei ernstem Befall sind sie in Erbrochenem und Durchfall infizierter Welpen zu erkennen.

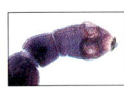
Bandwurm

- Bandwürmer werden durch Flöhe übertragen. Die Larven der Bandwürmer gelangen durch den Flohbiss in das Blut des Hundes. Drei Monate später können Sie flache, weiße Bandwurmglieder im Stuhl Ihres Hundes entdecken.

- Spulwürmer sind etwa 5 cm lang und nicht dicker als ein dünner Faden. Hunde infizieren sich, indem sie die mikroskopisch kleinen Eier vom Boden aufnehmen. Die Eier belagern die Wände des Dickdarms und reifen in den folgenden 10 Wochen zu Würmern heran.

THERAPIE

- Würmer können sehr einfach durch eine mikroskopische Untersuchung des Stuhls diagnostiziert werden.

- Über Ihren Tierarzt können Sie effektive Behandlungen gegen alle Wurmerkrankungen erhalten. Eine regelmäßige Entwurmung ist der beste Weg, Ihren Hund gesund und wurmfrei zu halten. Hündinnen und ihr Wurf sollten routinemäßig nach 2, 4, 6 und 8 Wochen entwurmt werden.

Achtung

Der Wurm Toxocara canis stellt auch eine ernsthafte Bedrohung für die Gesundheit von Kindern dar, daher ist die Entwurmung von Welpen ausgesprochen wichtig. Wenn die Eier verschluckt werden, reifen die Larven im Darmtrakt heran, wandern dann durch den Körper und können zur Erblindung führen. Ermahnen Sie Ihre Kinder, sich vor dem Essen gründlich die Hände zu waschen. Gefährdet sind vor allem Krabbelkinder.

SELBSTMASSNAHMEN

• Routineuntersuchungen des Stuhls sind die beste Möglichkeit, Wurmbefall zu vermeiden.

• Wenn Sie die Häufchen Ihres Hundes entfernen, vermeiden Sie eine Kontamination der Umwelt. An vielen öffentlichen Plätzen ist es sogar verboten, die Hundehaufen einfach liegen zu lassen. Achten Sie darauf, dass Ihre Kinder nicht dort spielen, wo Hunde in der Regel ihr Geschäft erledigen.

• Halten Sie die Umgebung Ihres Hundes gewissenhaft sauber: keine Fliegen, Flöhe und Exkremente von Geflügel und Vögeln.

2

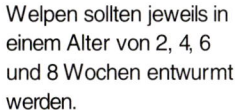

Welpen sollten jeweils in einem Alter von 2, 4, 6 und 8 Wochen entwurmt werden.

ALTERNATIVE THERAPIEN

✠ HEILPFLANZEN

Zerkleinern Sie 1 Knoblauchzehe und vermischen Sie sie mit 7 gehackten Kürbissamen, 1 gehackten Thymianzweig und ein wenig Honig. Formen Sie daraus kleine Kügelchen, die Sie Ihrem Hund verabreichen. Sie können auch 1/2–1 TL geriebene Kürbissamen über das Futter streuen.

⬚ HOMÖOPATHIE

China X3 (Chinabaum), mindestens 3 Wochen lang 3-mal täglich eingenommen, ist ein hilfreiches Mittel gegen Rundwürmer. Eine anschließende Kotuntersuchung wird zeigen, ob der Hund wurmfrei ist. Diese Arznei kann auch gegen Bandwürmer hilfreich sein, doch wird hier meist Filix mas X3 (Wurmfarn) verschrieben.

Kürbissamen

2

BAUCHSPEICHELDRÜSE

Die Bauchspeicheldrüse ist ein lebenswichtiges Organ, das mit dem Dünndarm verbunden ist. Durch diese Verbindung sendet sie Verdauungsenzyme aus, die die Zersetzung der Nahrung unterstützen. Gleichzeitig werden für das endokrine System (S. 68) die Hormone Insulin und Glukagon produziert. Eine Pankreatitis ist die Entzündung der Bauchspeicheldrüse und kommt häufig bei Hunden vor, die zu viel reichhaltiges und zu fettes Futter fressen oder verdorbene Nahrung aus dem Müll gefischt haben. Kleine Schnauzer und übergewichtige Hunde sind besonders anfällig. Hunde, die an Feiertagen köstliche Tischreste verzehren dürfen, enden oft mit Verdauungsproblemen oder einer Pankreatitis. Wiederholte Entzündungen können die Funktionen der Bauchspeicheldrüse schädigen und zu Diabetes mellitus (S. 68) oder einer anderen Bauchspeicheldrüsen-Insuffizienz (S. 69) führen.

THERAPIE UND SELBSTMASSNAHMEN

- Die Diagnose gründet sich auf Vorgeschichte, Symptome und eventuell Blutuntersuchungen. Wenn eine Diabetes zu Grunde liegt, ist Zucker in Blut und Urin feststellbar. Die Behandlung beginnt mit dem Aussetzen von Futter und Wasser für mindestens 24 Stunden, damit der Darmtrakt sich beruhigen kann. Flüssigkeit kann subkutan oder intravenös verabreicht werden. Die meisten Hunde reagieren gut auf die Behandlung, und nach einigen Tagen können sie allmählich wieder beginnen zu fressen, wobei leichte Nahrung in kleinen Portionen verabreicht werden sollte.
- Vermeiden Sie fettreiche Nahrung und füttern Sie mehrere kleinere Mahlzeiten am Tag. Verwenden Sie, wenn nötig, eine Nahrungsergänzung mit Verdauungsenzymen wie Lipase, Protease und Amylase.

SYMPTOME

- Erbrechen
- Durchfall
- Magenschmerzen
- Depressivität und Lethargie

ALTERNATIVE THERAPIEN

HEILPFLANZEN

Die Gemeine Schafgarbe *(Achillea millefolium)* kann Linderung bringen, vor allem bei starkem Durchfall. Die frischen Blätter der Schafgarbe werden gehackt und 1 Woche lang 3-mal täglich unter das Futter gemischt.

HOMÖOPATHIE

Iris versicolor X6 ist ein gutes Mittel gegen Pankreatitis. In der Regel wird empfohlen, dass der Hund alle 4 Stunden eine Gabe enthält, bis die Symptome abklingen. Wenn das Präparat anschlägt, stellt sich innerhalb von 24 Stunden eine Besserung ein.

HAUT UND HAARE

Hauterkrankungen sind bei Hunden sehr häufig. Sie können durch Bakterien, Pilze, Allergien, Parasiten und Hormonstörungen verursacht werden. Bei älteren Hunden können noch Krebs, Hauttumore und Zysten hinzukommen. Die Anzeichen einer Hauterkrankung sind recht einfach zu erkennen – zu ihnen gehören trockene, fleckige Haut, gerötete und gereizte Stellen mit Haarausfall, Schorf und Krusten. Dennoch ist die Diagnose nicht so einfach, da viele Hauterkrankungen ähnliche Symptome haben. Unglücklicherweise sind auch viele Erkrankungen der Haut chronisch und nicht heilbar, können aber unter Kontrolle gehalten werden. In diesen Fällen ist oft eine Langzeitbehandlung nötig, wobei Ernährung, Bäder und Fellpflege Ihrem Hund Linderung verschaffen können.

3

FELLPFLEGE

Regelmäßiges Bürsten hält Haut und Fell Ihres Hundes gesund. Es entfernt verfilzte und verknotete Stellen und gibt Ihnen die Möglichkeit, Flöhe, Zecken und Wunden zu entdecken. Die meisten gesunden Hunde wechseln zweimal jährlich ihr Fell: im Frühling und im Herbst. Es gibt aber auch Rassen, wie den Pekinesen oder den Collie, die das ganze Jahr über das Fell wechseln. Hauterkrankungen, Mangelernährung und hormonelle Schwankungen nehmen ebenfalls Einfluss auf den Rhythmus von Haarausfall und Haarwuchs.

FELLARTEN UND -PFLEGE

• Wie oft Ihr Hund gebadet und gebürstet werden sollte, hängt von seiner Rasse, seinem Fell und seinen Lebensgewohnheiten ab. Rassen wie der Pekinese oder der Collie müssen das ganze Jahr über einmal wöchentlich gebürstet werden, um die ausgefallenen Haare zu entfernen.

• Rassen mit getrimmtem Fell wie der Pudel oder der Cocker Spaniel benötigen alle 4–6 Wochen ein wenig Zeit zur Fellpflege. Auch Pudel wechseln ihr Fell, doch die toten Haare kommen nur beim Bürsten heraus. Rassen wie der Malteser oder der Yorkshire-Terrier müssen alle paar Wochen gründlich gebürstet werden, damit das Fell nicht verfilzt.

• Bei Rassen mit kurzem Fell, wie z. B. dem Retriever, genügt es, wenn sie alle 3–4 Monate gründlich gebürstet werden.

• Unabhängig von der Rasse ist das Bad der wichtigste Teil der Fellpflege. Hunde, die auch in der Wohnung leben, müssen öfter gebadet werden, damit sie sauber bleiben.

In der Regel gilt: Umso dichter das Fell eines Hundes, desto mehr Pflege erfordert es über das Jahr.

Es kann einfacher sein, einen Hund zu bürsten, wenn er an der Leine ist. Lassen Sie aber einen Spielraum von etwa 45 cm, damit er sich bewegen kann.

3

SELBSTMASSNAHMEN

• Verwenden Sie nur Produkte, die für Hunde geeignet sind. Die richtige Bürste vereinfacht Ihnen die Arbeit. Eine Glanzbürste, ein Metallkamm und eine Nadelbürste sind für die meisten Rassen ausreichend.

• Bürsten Sie das Fell vor dem Baden aus. Verfilzte Stellen lassen sich sehr viel einfacher entfernen, wenn das Fell noch trocken ist. Schützen Sie die Augen Ihres Hundes mit künstlicher Tränenflüssigkeit oder 1 Tropfen Vitamin-E-Öl und stecken Sie in jedes Ohr einen Wattebausch. Spritzen Sie den Hund ab und seifen Sie ihn 2-mal ein. Wenn Sie ein medizinisches Shampoo benutzen, lassen Sie den Schaum 5–10 Minuten einziehen, damit er auch wirken kann. Anschließend spritzen Sie den Hund noch einmal ab.

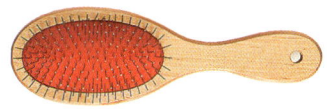

• Manche Hunde lassen es zu, abgetrocknet zu werden, andere nicht. In jedem Fall aber sollten Sie das Tier im Haus halten, bis es trocken ist, und dann das Fell ausbürsten. Bürsten Sie das Fell auch gegen den Strich, um zu starkes Unterfell auszudünnen. Nun können Sie auch die Ohren Ihres Hundes auswaschen – verwenden Sie einen Wattebausch und eine geeignete Reinigungslösung.

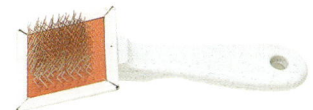

Für eine gute Fellpflege ist eine Auswahl von geeigneten Bürsten wichtig.

FLÖHE

Flöhe sind die häufigste Ursache für Juckreiz und Hautreizungen bei Hunden. Mehr als 50 % aller Hautallergien bei Hunden werden durch Gegenreaktionen auf den Speichel des Flohs verursacht. Häufig kommt es auch zu bakteriellen Sekundärinfektionen, die eine medizinische Behandlung erfordern. Außerdem sind Flöhe Blutsauger und können so eine Anämie verursachen und ebenfalls Bandwürmer übertragen.

Flöhe sind lästig, können aber bekämpft werden.

SELBSTMASSNAHMEN

• Zu den Anzeichen eines Flohbefalls gehören das Kratzen sowie kleine schwarze, wie Schmutz aussehende Punkte. Um sicherzustellen, dass dieser »Schmutz« durch Flöhe verursacht wird, geben Sie ihn auf einen feuchten Wattebausch. »Flohschmutz« wird rot, weil er Blut enthält.

• Haben Sie einmal diagnostiziert, dass Ihr Hund von Flöhen befallen ist, müssen Sie all Ihre Haustiere ebenso wie alle Räume behandeln. Saugen Sie alle Teppiche und werfen Sie den gefüllten Staubsaugerbeutel sofort weg, damit Floheier sich dort nicht entwickeln können. Waschen Sie den Liegeplatz Ihres Hundes mit heißem Seifenwasser aus. Anschließend müssen Sie all Ihre Haustiere baden. Verwenden Sie ein geeignetes Flohshampoo.

• Außerhalb des Hauses sind natürliche Produkte, die Nematoden enthalten, ideal. Nematoden sind mikroskopisch kleine Würmer, die sich unter anderem von Flohlarven und -puppen ernähren. Versprühen Sie entsprechende Präparate auf Ihrem Grundstück, vor allem an dunklen Plätzen, da Flöhe sich hier besonders gerne aufhalten.

Häufiges Kratzen kann auf Flöhe hinweisen.

3

SYMPTOME

• Juckreiz
• »Flohschmutz«
• Haarausfall, vor allem an der Schwanzspitze

Achtung

Häufig werden Hunde von Katzenflöhen befallen. Seien Sie vorsichtig mit chemischen Präparaten wie Puder, da nicht alle sowohl für Hunde als auch für Katzen geeignet sind. Medizinische Shampoos sind bei Hunden in der Regel einfacher zu verwenden.

THERAPIE

• Vorsorge ist besser als Flohbekämpfung. Ihr Tierarzt kann Ihnen ein Präparat verschreiben, das Wirkstoffe enthält, durch die Flöhe nur sterile Eier legen können. Auf diese Weise können Sie der Kontamination der Umgebung entgegenwirken. Diese modernen Präparate sind sehr sicher und in den meisten europäischen Ländern zugelassen. Eine Vorsorgebehandlung sollte im Frühling beginnen, wenn die Temperaturen draußen zwischen 18 °C und 20 °C liegen.

• Flöhe leben in erster Linie nicht auf dem Hund, sondern in seiner Umgebung. Sie verbleiben nur für eine Blutmahlzeit auf dem Tier und springen dann herunter, um ihre Eier zu legen. Wenn Sie einen Floh auf Ihrem Hund entdecken, warten tausend andere um die Ecke: Darum ist Vorsorge wichtig.

Flöhe finden sich meist auf dem Rücken und an der Kehle eines Hundes.

3

ALTERNATIVE THERAPIEN

⊞ HEILPFLANZEN

Hilfreich ist eine Zitronenlösung: 1 Zitrone in dünne Scheiben schneiden, in 600 ml Wasser kochen und über Nacht ziehen lassen. Besprühen Sie Ihren Hund täglich mit dieser Lösung. Eine Arznei gegen den Juckreiz kann auch aus Katzenminze, Süßholzwurzel und Löwenzahn hergestellt werden: Vermischen Sie 5 Tropfen von jeder Tinktur und geben Sie 14 Tage lang je 3 Tropfen dieser Mischung entweder direkt ins Maul oder unter das Futter. Die aus mikroskopisch kleinen Algen hergestellte Kieselerde tötet Flöhe in Ihrer Wohnung ab. Streuen Sie sie auf dem Fußboden aus (empfehlenswert ist das Tragen einer Maske).

▣ HOMÖOPATHIE

Sulfur C30 kann den Hund vor weiteren Infektionen bewahren: 1-mal im Monat eine Gabe von 2 ganzen oder 3 zerkleinerten Globuli. Wenn dies nicht hilft, sollten Sie es mit *Psorinum* C30 in der gleichen Dosierung versuchen. 1 Stunde vor und nach der Einnahme darf der Hund nicht fressen.

RÄUDE

Beim Hund kennt man zwei Arten der Räude. Die Demodex-Räude wird durch mikroskopisch kleine, in den Haarbälgen lebende Milben (Haarbalgmilben) verursacht. Diese Räude juckt praktisch nicht. Es kommt jedoch häufig zu bakteriellen Sekundärinfektionen, die zu Reizungen führen. Die Sarcoptes-Räude wird durch die sogenannten Grabmilben hervorgerufen, die sich in kleinen Tunneln unter die Haut graben und einen starken Juckreiz verursachen.

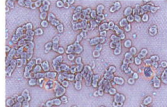

Haarbalgmilben

DEMODEX-RÄUDE

• Die Demodex-Räude kann bei Hunden sowohl örtlich begrenzt als auch überall auftreten. Bei der erstgenannten Form kommt es zu Haarausfall im Gesicht und auf den Vorderbeinen. Sie befällt vor allem Welpen. Sie juckt nicht und verschwindet häufig nach 4–8 Wochen von allein. Gelegentlich kann sie sich auch verschlimmern und den gesamten Körper befallen.

• Meist sind ältere Hunde betroffen, wenn die Demodex-Räude den gesamten Körper befällt. Es kommt häufig zu bakteriellen Sekundärinfektionen und Juckreiz. Vor allem Ohren und Füße können ernsthaft infiziert sein.

• Junge Hunde in einem Alter von 3–6 Monaten können eine vererbte Anfälligkeit in sich tragen. Zu den besonders gefährdeten Rassen zählen der Shar Pei, der Weiße Terrier oder der Airedale Terrier. Ältere Hunde können an einer Demodex-Räude erkranken, wenn ihr Immunsystem durch Medikamente oder eine Erkrankung wie Krebs geschwächt ist.

SARCOPTES-RÄUDE

• Die Haut eines von Grabmilben befallenen Hundes zeigt offene Stellen, Haarausfall, Krusten und Schorf. Häufig sind bakterielle Sekundärinfektionen. Juckreiz und Haarausfall beginnen meist an den Ohren, Ellenbogen, Beinen und im Gesicht. Die Milben graben sich tief unter die Haut. Dadurch sind sie selbst durch Haut- und Gewebeproben schwer zu entdecken.

• Grabmilben werden häufig fälschlicherweise als Allergien mit bakteriellen Sekundärinfektionen diagnostiziert.

Füchse leiden häufig unter Sarcoptes-Räude, die sowohl auf Menschen als auch auf Hunde übertragen werden kann.

THERAPIE

• Die Demodex-Räude wird durch Untersuchungen von Hautproben unter dem Mikroskop diagnostiziert. Die Behandlung ist schwierig und beinhaltet auch eine langfristige Therapie möglicher zugrunde liegender Erkrankungen sowie Antibiotika und Milbenbekämpfungsmittel.

• Bei der Sarcoptes-Räude kann der Tierarzt Medikamente zum Abtöten der Grabmilben verschreiben, die in zwei Dosierungen – innerhalb von 14 Tagen – verabreicht werden. Der Juckreiz klingt einige Tage nach der ersten Dosierung ab. Hautschäden benötigen meist einige Wochen bzw. Monate um abzuheilen.

Achtung

Grabmilben können auch andere Hunde und Menschen befallen. Schließlich kann jedes Familienmitglied beginnen, sich zu kratzen. Beim Menschen klingt die Räude mit oder ohne Behandlung nach einigen Wochen ab. Seien Sie dennoch vorsichtig, wenn Sie den Verdacht haben, dass Ihr Hund infiziert ist, und tragen Sie Handschuhe, um Hautkontakt zu vermeiden.

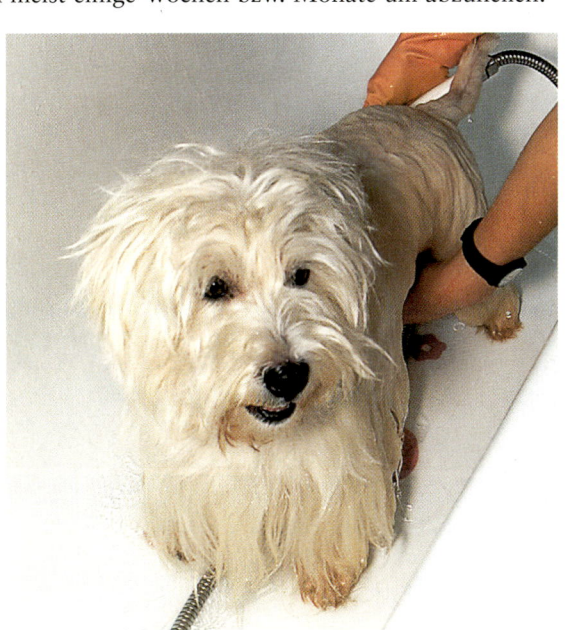

3

ALTERNATIVE THERAPIEN

⊠ HEILPFLANZEN

Verwenden Sie eine Zitronenlösung, da Zitrone wie ein Insektizid wirkt. Kochen Sie eine in Scheiben geschnittene Zitrone in 600 ml Wasser und lassen Sie sie über Nacht ziehen. Dann tragen Sie die Lösung auf.

⊡ HOMÖOPATHIE

Sulfur C6 ist bei beiden Räudearten hilfreich: 4 Wochen lang je 1 Kügelchen täglich. 10 Minuten vor und nach der Einnahme darf der Hund nicht fressen.

Zitronenlösung

TROCKENE HAUT

Trockene Haut ist bei Hunden sehr häufig, vor allem wenn sie in beheizten Wohnungen leben. Die Haut wird spröde, und kleine, weiße Schuppen erscheinen im Fell. Ein Mangel an essenziellen Omega-3-Fettsäuren oder Zink kann ebenso zu trockener Haut führen wie die Verwendung des falschen Shampoos. Prüfen Sie, ob dies die einzigen Ursachen sind, denn in Frage kommen auch Schilddrüsenunterfunktion, Allergien, Räude oder bakterielle Infektionen.

SELBSTMASSNAHMEN

• Gönnen Sie Ihrem Hund regelmäßige Bäder mit einem hypoallergenen Shampoo. Auch eine Essigwasser-Abreibung nach dem Bad kann hilfreich sein: 20 ml Weißweinessig auf 4 l Wasser. Massieren Sie das Essigwasser kräftig ein und spülen Sie es dann gründlich aus. Kaltes Wasser ist für die Beruhigung der Haut hilfreich.

3

• Lotionen mit Aloe Vera wirken lindernd.

• Reichern Sie das Futter mit essenziellen Omega-3- und -6-Fettsäuren, Zink sowie den Vitaminen A, C und E an.

• Verwenden Sie im Winter Luftbefeuchter oder stellen Sie eine Schüssel mit Wasser auf die Heizung.

• Durch regelmäßiges Bürsten können Sie die Austrocknung der Haut eindämmen. Kämmen und bürsten Sie Ihren Hund täglich, um Schuppen und ausgefallene Haare zu entfernen.

Damit Fell und Haut Ihres Hundes gesund aussehen, bedarf es guter Pflege und Ernährung.

ALTERNATIVE THERAPIEN

✚ HEILPFLANZEN

Wischen Sie die trockenen Stellen mit einer Zitronenlösung (S. 47) ab. Mischen Sie etwas Tee aus Kanadischer Gelbwurzel unter das tägliche Futter.

▣ HOMÖOPATHIE

Sulfur X6 ist bei trockener, juckender Haut hilfreich. Geben Sie 14 Tage lang täglich je 1 Kügelchen, wobei der Hund 10 Minuten vor und nach der Einnahme nicht fressen darf.

LÄUSE

Läuse sind kleine, sechsbeinige Parasiten, die sich von Blut ernähren und eine Anämie verursachen können. Schwache, schlecht ernährte Welpen sind besonders anfällig. Wenn Sie das Fell Ihres Hundes sorgfältig betrachten, können Sie kleine weiße Flecken entdecken: die Eier. Läuse verbringen ihr gesamtes Leben auf dem Tier und befallen weder andere Haustiere noch den Menschen. Sie stellen auch keine Gefahr für die Wohnung dar und treten meist in den kalten Wintermonaten auf.

SYMPTOME

- Juckreiz
- Weiße Nester im Fell
- Anämie (blasses Zahnfleisch bei schwachen Welpen)

3

THERAPIE UND SELBSTMASSNAHMEN

- Wenn Läuse einmal festgestellt wurden, sollte die Behandlung so schnell wie möglich erfolgen. Sie ähnelt der gegen Flöhe (S. 44). Die meisten Präparate, die Flöhe töten, machen auch Läusen den Garaus.

- Baden Sie die Welpen mit einem medizinischen Shampoo. Da dieses zwar die Läuse tötet, nicht aber ihre Eier, müssen Sie das Bad wöchentlich wiederholen, bis alle Eier verschwunden sind. Lassen Sie den Schaum 5–10 Minuten einwirken, bevor Sie ihn ausspülen.

- Verbessern Sie den Allgemeinzustand Ihres Welpen, indem Sie dem Futter Bierhefe beimengen (1 TL bis 1 EL, je nach Größe des Welpen).

- Der Juckreiz kann mit Antihistaminen eingedämmt werden. Auch hochdosiertes Vitamin C kann wie ein Antihistamin fungieren.

- Wurde eine Anämie diagnostiziert, erfolgt die Behandlung mit Vitaminen der B-Gruppe und Eisen.

ALTERNATIVE THERAPIEN

⊞ HEILPFLANZEN

Chrysanthemen enthalten Pyrethrin, das gegen Flöhe und Läuse wirksam ist. Zitrusfrüchte wie die Zitrone sind ebenfalls hilfreich.

▭ HOMÖOPATHIE

Sulfur C30 kann das Risiko eines Neubefalls verringern.

ZECKEN

Zecken sind kleine Insekten, die vom Blut ihrer Wirte, wie Hunde, Katzen, Wild, Pferde und Nagetiere, leben. Sie sind Träger einer großen Zahl von Blutparasiten und anderer gefährlicher Mikroben, die sie während des Saugens übertragen. Hunde, die sich in ländlichen Gegenden bewegen, vor allem auf Weideland, das sowohl von Nutztieren als auch von Hirschen und Rehen regelmäßig aufgesucht wird,

Zecken nehmen während des Blutsaugens an Größe zu.

sind am meisten gefährdet. Die hier lebenden Tiere sind in der Regel die Wirte der Zecken, doch können diese Parasiten auch Ihren Hund befallen. Die Zecken finden Halt an den Beinen des Hundes und bewegen sich dann langsam den Körper hinauf. Hat die Zecke einmal die Haut des Hundes durchstochen, beginnt sie, Blut zu saugen und nimmt schnell an Größe zu. Durch einen Zeckenbiss kann eine Borreliose sowohl auf Menschen als auch auf Tiere übertragen werden. Sie kann zu Lahmheit, Fieber, Herz- und Nierenerkrankungen führen.

3

Schäferhunde sind besonders gefährdet, da das Nutzvieh, z. B. das Schaf, zu den Wirtstieren der Zecke zählt.

Achtung

Es gibt viele Krankheiten, die mit Zecken in Verbindung stehen. Die Borreliose ist sowohl für Menschen als auch für Hunde gefährlich und tritt in den gemäßigten Klimazonen auf. Zu den ersten Anzeichen gehören Fieber, Appetitlosigkeit, Lethargie und Lahmheit. Später entwickeln sich Herz- und Nierenschäden sowie eine fortschreitende Lahmheit. Eine 14-tägige Behandlung mit Antibiotika lindert Schmerzen und Lahmheit, wenn die Krankheit bereits im frühen Stadium entdeckt wurde. In fortgeschrittenen Fällen ist eine längere Therapie erforderlich. Menschen und Hunde sollten sich durch Impfungen schützen. Hunde können auch eine Zeckenlähmung bekommen, die durch das Gift bestimmter Zeckenarten verursacht wird. Die Lähmung setzt nach 24–48 Stunden ein und führt ohne Behandlung zum Tod.

SELBSTMASSNAHMEN

• Bei leichtem Zeckenbefall können Sie die Zecken mit Alkohol oder Zeckenspray – direkt auf die Zecken aufgetragen – abtöten. Warten Sie ein paar Minuten, fassen Sie dann die Zecke mit einer Pinzette so nah wie möglich an der Haut des Hundes und ziehen Sie vorsichtig, bis sie ihren Halt verliert. Da Zecken Krankheiten übertragen, die auch Menschen befallen können, sollten Sie Handschuhe tragen und Ihre Hände nach der Behandlung gründlich waschen.

• Alternativ können Sie die Zecke auch mit Petroleum-Gel einreiben. Achten Sie dabei besonders auf das Hinterteil der Zecke, da hier ihre Atmungsorgane sitzen. Das Gel blockiert die Atmung und die Zecke verliert ihren Halt und fällt ohne weitere Komplikationen einfach ab.

• Gelegentlich verbleiben die Mundwerkzeuge der Zecke noch in der Haut des Hundes und können weder mit einer Pinzette noch mit Gel entfernt werden. Dies kann zu einer örtlichen Reizung führen, die jedoch nach einigen Tagen von alleine abheilt und kein Grund zur Beunruhigung ist. Nur selten kommt es zu einer Entzündung.

Petroleum-Gel ist ideal, um Zecken zu entfernen.

• Bei schwerem Zeckenbefall sollten Sie ein Insektizidpräparat verwenden, dass speziell für Zecken geeignet ist. Es können mehrere Behandlungen notwendig sein. Es gibt Produkte, die auch zur Vorsorge verwendet werden können. Um Ihr Tier zu schützen, sollten Sie mit Ihrem Tierarzt sprechen. Er kann Ihnen die sichersten und effektivsten Produkte für Ihren Hund empfehlen.

LECK-GRANULOM

Ein Leck-Granulom ist eine krankhafte Veränderung der Haut, die meist an den Vorderbeinen auftritt. Gelegentlich kommt es auch an der Vorder- oder Außenseite der Hinterbeine vor. In jedem Fall liegt es in einem Bereich, den der Hund durch Lecken erreichen kann, was er dann auch ständig und heftig macht.

URSACHEN

• Die wahre Ursache eines Leck-Granuloms ist unbekannt, auch wenn eine Kombination aus physischen und psychischen Faktoren verantwortlich zu sein scheint. Die Wunden werden bei einigen Hunden durch Stress oder Langeweile, bei anderen durch besessenes Verhalten verursacht. Durch das Lecken vertreibt sich der Hund die Zeit.

• Psychologische Ursachen wie Trennungsängste (S. 84), ein neues Haustier oder Kind im Haus oder ein Nachbarhund, der das Revier unsicher macht, können psychischen Stress auslösen. Durch die Konzentration auf eine Körperstelle und das Lecken an dieser über einen längeren Zeitraum kann der Hund seinen Stress abbauen.

• Auch eine Allergie kann ein Leck-Granulom verursachen. Eine allergische Dermatitis etwa reizt die Haut und führt zu Entzündung und Juckreiz. In einem solchen Fall ist eine Behandlung der Allergie meist erfolgreich. Daher sind Allergie-Tests bei Hunden empfehlenswert, die ständig oder häufig ein Leck-Granulom zeigen. Gleichzeitig sollten Sie unbedingt sicherstellen, dass alle Bürsten und Kämme gründlich sauber sind.

• Ein Leck-Granulom kann auch als Folge einer Verletzung auftreten. Eine Verletzung des Knochens oder der Haut kann die Aufmerksamkeit des Hundes auf die verletzte Stelle lenken. Er leckt immer wieder über die schmerzende Stelle, da er sich von dem Schmerz befreien möchte.

• Auch ein Fremdkörper wie ein Dorn oder ein Splitter kann die Aufmerksamkeit des Hundes auf diese Stelle lenken.

• Bei einigen Leck-Granulomen spielt eine Schilddrüsenunterfunktion eine Rolle. Lassen Sie daher, vor allem bei Schwarzen Labradors, auch die Funktion der Schilddrüse untersuchen.

SYMPTOME

• Angeschwollene, ovale, haarlose und gerötete Hautstelle
• Manchmal ist die Wunde eitrig und feucht.
• Der Hund leckt sich ständig an dieser Stelle.

Reinigen Sie alle Bürsten und Kämme regelmäßig und tragen Sie dabei Handschuhe.

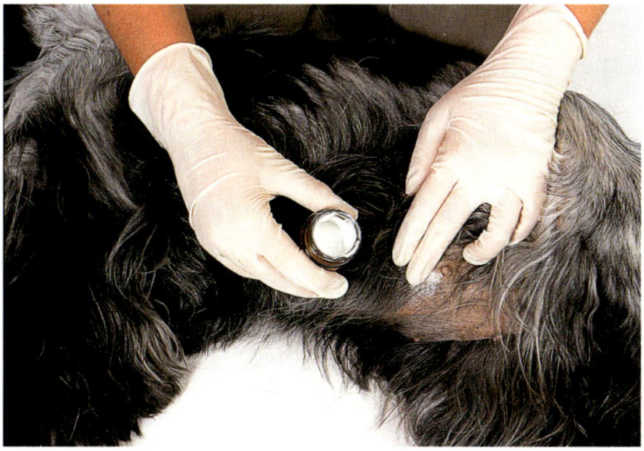

Reinigen Sie die Wunde mit einem Jodpräparat und waschen Sie sie mit Alkohol aus, damit sie schneller trocknet.

3

THERAPIE UND SELBSTMASSNAHMEN

• Wenn keine Ursache festgestellt werden kann, wird das Leck-Granulom symptomatisch behandelt. Bei manchen Hunden hilft eine örtliche Behandlung mit antibiotischen Salben, Kortisoncreme oder betäubenden Präparaten. Kortisonspritzen in und um die Wunde verschließen sie zeitweilig, doch die meisten Hunde beginnen wieder zu lecken.

• Psychisch bedingte Fälle können durch einfache Veränderungen des Lebensstils (Stressreduzierung oder Vermeidung von Langeweile) behoben werden. Bei schwierigeren Fällen können Angst abbauende Medikamente empfohlen werden.

ALTERNATIVE THERAPIEN

HEILPFLANZEN

Versuchen Sie, die Wunde mit einer Lösung aus Großem Wegerich *(Plantago major)* zu behandeln: Geben Sie einige Blätter der Pflanze in 250 ml Wasser. 5 Minuten kochen, weitere 5 Minuten ziehen lassen und dann das Pflanzenmaterial abseihen. Die Lösung 2-mal täglich auftragen.

HOMÖOPATHIE

Arsenica album C30 ist bei ständigem Lecken und Knabbern hilfreich. Geben Sie Ihrem Hund 3-mal je 1 Kügelchen alle 4 Stunden. Rescue-Notfalltropfen (3- bis 4-mal täglich je 3 Tropfen) verschaffen emotionale Beruhigung.

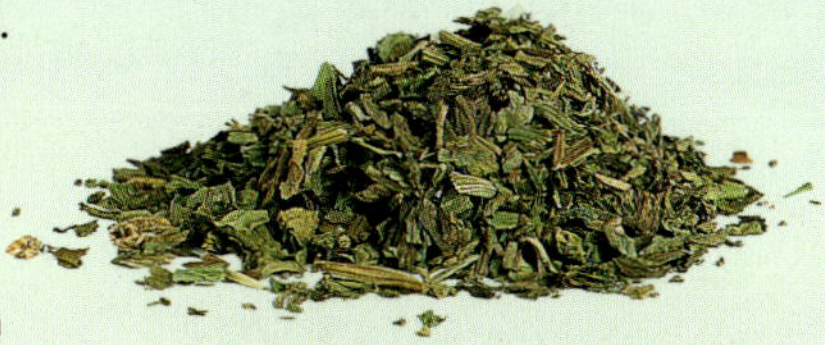

Blätter des Großen Wegerich

ALLERGIEN

Eine allergische Dermatitis ist eine Entzündung der Haut, die mit einem Allergen in Berührung gekommen ist, einem Wirkstoff also, der Überreaktionen des Körpers hervorruft. Das häufigste Anzeichen einer Allergie ist bei Haustieren der Juckreiz. Hunde lecken, kratzen und beißen sich selbst bis zur Selbstverstümmelung. Das Resultat sind rote, raue Hautstellen mit wässrigen Wunden und Haarausfall. Die Schwierigkeit liegt darin, das verantwortliche Allergen zu isolieren, da bei einer solchen Reaktion meist mehrere Substanzen involviert sind.

ALLERGIEARTEN

• Flöhe verursachen bei Hunden mehr als 50 % aller Allergien (S. 44). Ein einziger Floh kann bei allergischen Hunden einen intensiven Juckreiz verursachen, der bis zu 2 Wochen anhalten kann.

• Auch durch das Einatmen bestimmter Partikel kann sich eine Allergie entwickeln, die zur Dermatitis führt. Eingeatmete Allergene wie Hausstaub, Milben und Pollen stellen die zweite große Gruppe der Allergien bei Hunden dar. Diese Allergien zeigen sich bereits bei jungen Hunden, vor allem beim Weißen Terrier oder Shar Pei.

• Nahrungsmittelallergien treten nur gelegentlich bei Hunden auf (S. 34). Durch eine Ausschlussdiät kann das verantwortliche Allergen bestimmt werden.

• Durch allergische Hautdefekte kommt es sehr häufig zu bakteriellen Hautinfektionen (S. 56).

Häufig kann die Ursache einer Allergie nur durch den Ausschluss möglicher Allergene festgestellt werden. Auch das Körbchen Ihres Hundes kann Allergene enthalten.

THERAPIE

• Anhand eines Hauttests kann man fest-stellen, auf welchen Wirkstoff Ihr Hund allergisch reagiert. Kleine Mengen verschie-dener Substanzen (Allergene) werden unter die Haut gespritzt. Wenn der Hund auf eine dieser Substanzen allergisch reagiert, wird die Haut an der Stelle der Injektion inner-halb von 15–30 Minuten rot und schwillt an. Ist Ihnen einmal bekannt, worauf Ihr Hund allergisch reagiert, müssen Sie versuchen, den Kontakt mit diesem Allergen zu vermeiden.

Durch eine Ausschluss-diät kann eine Nahrungs-mittelallergie bestimmt werden.

• Wird eine Nahrungsmittelallergie vermutet, wird Ihr Tierarzt Ihnen möglicherweise eine 3-monatige Ausschlussdiät (S. 34) empfehlen. Stellen Sie Ihrem Hund nur Wasser zum Trinken hin und niemals Milch, da auch sie allergische Reaktionen hervorrufen kann.

• Desensibilisierung, die Ihren Hund weniger empfindlich auf ein Allergen reagieren lässt, ist die beste Behandlungsmöglichkeit bei Allergien, die durch schwer zu vermeidende Allergene wie Milben oder Hausstaub verursacht werden. Der Hund erhält eine Zeit lang jede Woche Spritzen, die das bestimm-te Allergen in kleinen Mengen enthalten. Allmählich wird die Menge gesteigert. Das Ziel ist, auf diese Weise eine Immunität gegen das Allergen zu er-reichen.

3

• Kortison und Antihistamine können den Juckreiz lindern, und mit Antibio-tika können bakterielle Sekundärinfektionen behandelt werden. Bäder mit hypoallergenen Shampoos oder Hautlotionen mit Aloe Vera lindern Hautrei-zungen. Nahrungsergänzungen mit Omega-3- und -6-Fettsäuren und Zink sowie den Vitaminen A, C und E stärken Haut und Fell.

• Bei anhaltenden Problemen mit Flöhen sollten Sie Ihren Hund jeden Monat mit Flohprodukten behandeln, um einen Flohbefall zu vermeiden (S. 44).

ALTERNATIVE THERAPIEN

HOMÖOPATHIE
Sulfur, Hepar sulfuris, Arsenicum album und Rhus toxi-codendron, von C30 bis M1, können hilfreich sein.

HEILPFLANZEN
Chinesische Kräuteranwendungen aus Scutellaria, Tribulus, Anemarrhena und Capillaris wirken lindernd.

Akupunktur kann das Immunsystem stärken und Juckreiz sowie Entzündung lindern.

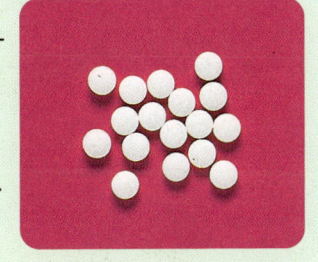

HAUTINFEKTIONEN

Die häufigste Ursache für Juckreiz ist bei Hunden eine bakterielle Hautinfektion. Meist tritt sie auf, wenn das körpereigene Immunsystem durch Krankheit, Stress oder Allergien geschwächt ist. Der medizinische Begriff für bakterielle Hautinfektionen ist Pyodermie, wörtlich »Eiter in der Haut«.

INFEKTIONSARTEN

• In den meisten Fällen wird eine bakterielle Hautinfektion bei Hunden durch Staphylokokkus-Bakterien verursacht. In gesunder Haut befindet sich immer eine kleine Anzahl dieser Bakterien. Doch wenn die Schutzschicht der Haut durch starkes Kratzen zerstört wird, können sich diese Bakterien ungehindert vermehren und Infektionen verursachen. Allgemeine Anzeichen sind gerötete, juckende Beulen, Krusten und Pusteln. Später entwickeln sich übelriechende, trockene Krusten mit Haarausfall. Bei Allergien auf eingeatmete Allergene sind meist Gesicht, Kinn, Füße und Bauchraum betroffen.

• Bakterien können auch die Haut zwischen den Zehen befallen. Dies wird als interdigitale Pyodermie bezeichnet und tritt meist gemeinsam mit der Demodex-Räude (S. 46) auf.

• Bakterielle Infektionen am Kinn werden als Hundeakne bezeichnet. Übergewichtige Hunde und Rassen mit eingedrückten Gesichtern haben zusätzliche Hautfalten, die sich häufig entzünden. Die Haut reibt hier aufeinander, es ist dunkel und feuchtwarm – ein ideales Klima, in dem Bakterien sich gerne vermehren.

In den Hautfalten von Gesicht, Lippen und Vulva können sich Bakterien hervorragend vermehren.

3

THERAPIE

• Eine 2- bis 3-wöchige Behandlung mit Antibiotika ist bei den meisten bakteriellen Hautinfektionen hilfreich. Kleinere Hautentzündungen können äußerlich behandelt werden. Bäder und Waschungen mit geeigneten, entzündungshemmenden Produkten sind dazu ideal. Um wässrige Hautstellen und Entzündungen auszutrocknen, sind vor allem Alkohol und unparfümiertes Babypuder zu empfehlen.

Genetisch bedingte Hautfalten gelten bei vielen Hunden als attraktiv.

• In ernsten Fällen kann stark geschädigte Haut operativ entfernt werden. Desensibilisierungsspritzen (S. 55) mit Staphylokokken-Impfungen sind eine sinnvolle Alternative zu Langzeitbehandlungen mit Antibiotika, vor allem für allergische Hunde, bei denen es häufig zu bakteriellen Hautinfektionen kommt.

ALTERNATIVE THERAPIEN

HEILPFLANZEN

Ein Tee aus Kanadischer Gelbwurzel, der täglich unter das Futter gemischt wird, kann lindernd wirken. Calendula-Salbe kann bei einer septischen Infektion aufgetragen werden.

HOMÖOPATHIE

Hepar sulfuris wirkt vor allem bei eitrigen Infektionen lindernd. Auch *Sulfur* C30 wird häufig zur Behandlung von bakteriellen Hautinfektionen empfohlen.

SONNENBRAND

Starke Sonneneinstrahlung verursacht nicht nur schmerzhaften Sonnenbrand, sondern erhöht auch das Risiko einer Hautkrebserkrankung. Besonders gefährdet ist der Hund dort, wo er keine Haare oder Pigmente hat oder wo die Haut sehr dünn ist wie etwa am Unterbauch, in der Leistengegend oder an der Innenseite der Hinterläufe. In gebirgigen Regionen, wo das UV-Licht besonders stark ist, erkranken vor allem Bull Terrier und Dalmatiner häufig an Hautkrebs.

SELBSTMASSNAHMEN

• Das Wichtigste, was Sie tun können, ist Ihren Hund dann im Haus zu halten, wenn die Sonne am stärksten ist, und zwar von 10 Uhr morgens bis zum späten Nachmittag.

• Tragen Sie auf den besonders empfindlichen Körperteilen, vor allem dort, wo nur wenig Fell ist, einen Sonnenschutz auf. Verwenden Sie eine Sonnencreme mit einem Lichtschutzfaktor (LSF) von mindestens 30 und massieren Sie sie gut ein. Da es wahrscheinlich ist, dass Ihr Hund versuchen wird, die Creme abzulecken, sollten Sie einen Sonnenschutz ohne schädliche Zusatzstoffe wählen, die die Gesundheit Ihres Hundes gefährden könnten. Informieren Sie sich bei Ihrem Tierarzt, welche Produkte geeignet sind.

• Verbrannte Haut wird rot und verursacht Schmerzen. Beruhigen Sie die entzündete Haut mit kaltem Wasser oder kalt-feuchten Tüchern, um die Schmerzen zu lindern.

3

Achtung

Wenn Sie es zulassen, dass Ihr Hund einen Sonnenbrand bekommt, vor allem wenn dies regelmäßig geschieht, erhöhen Sie das Risiko für die künftige Bildung von bösartigen Hauttumoren.

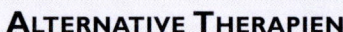

Mexikanischer Nackthund

ALTERNATIVE THERAPIEN

✤ HEILPFLANZEN
Führen Sie der Haut durch Jojoba- oder Aloe-Vera-Produkte wieder Feuchtigkeit zu.

▣ HOMÖOPATHIE
Verwenden Sie *Cantharis* bei offenen, verbrannten Hautstellen.

Aloe Vera

TUMORE

Ein Tumor ist die Folge unkontrollierten Zellwachstums. Er kann gutartig sein, wenn er, wie bei einem Muttermal, nur auf eine Stelle begrenzt ist. Bösartig ist ein Tumor (Krebs), wenn das Zellwachstum invasiv ist. Jeder Knoten, den Sie an Ihrem Hund feststellen, sollte so schnell wie möglich von Ihrem Tierarzt untersucht werden. Knoten, die schnell wachsen, Größe und Gestalt verändern, Flüssigkeit absondern oder aufbrechen, sehr hart sind oder eine ungewöhnliche Farbe haben, sind immer ein Grund zur Beunruhigung.

THERAPIE

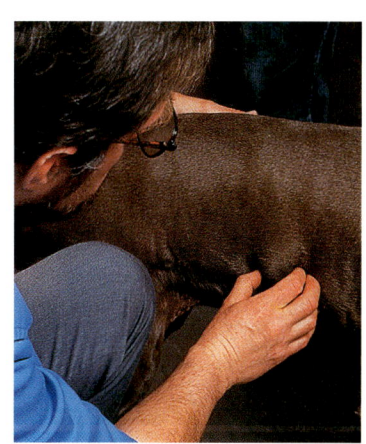

• Ihr Tierarzt kann Zellen des Tumors entnehmen und unter dem Mikroskop untersuchen, um festzustellen, ob er gut- oder bösartig ist. Bei einem bösartigen Tumor kann eine Biopsie erforderlich sein. Gewebe wird entnommen und untersucht, um die Diagnose zu bestätigen und die genaue Art des Krebses festzustellen. Auf diese Weise kann eine geeignete Behandlung bestimmt werden. Gutartige Tumore müssen 1- bis 2-mal jährlich untersucht werden, da auch sie bösartig werden können.

• Krebsspezialisten bieten für Haustiere ähnliche Behandlungsmöglichkeiten wie für den Menschen. Dazu gehören Operation, Chemotherapie und Strahlentherapie. Es gibt auch neue Behandlungsmethoden wie Fototherapie, Laserchirurgie und Immuntherapie (medikamentöse Therapie zur Stärkung des Immunsystems). Die jeweils geeignete Behandlung hängt von der Art des Tumors, seinen Ausmaßen und dem Gesundheitszustand des Hundes ab. Wird der Krebstumor früh entdeckt, gibt es mehr Behandlungsmöglichkeiten, und auch die Heilungschancen sind größer.

ALTERNATIVE THERAPIEN

✠ HEILPFLANZEN

Eine Stärkung des Immunsystems durch Kräuter wird häufig mit konventionellen Therapien verbunden.
Eine therapeutische Ernährung besteht aus »krebsfeindlichen« Nahrungsmitteln (wenig Kohlenhydrate, hochwertige Fette und Proteine). Zwar ist eine solche Diät nicht für jedes Haustier geeignet, doch kann sie helfen, Ihrem Hund die ihm verbleibenden Monate erträglicher zu machen.

3

KRALLEN

Pediküre ist für Haustiere wichtig, da überlange Krallen schmerzhafte Infektionen verursachen können. Manche Hunde bewegen sich genug, um ihre Krallen kurz zu halten. Doch wenn Sie ein klickendes Geräusch hören, während Ihr Hund über einen harten Fußboden läuft, sind seine Krallen wahrscheinlich zu lang. Bei den meisten Hunden empfiehlt es sich, die Krallen einmal im Monat zu kürzen. Viele Hunde mögen es nicht, wenn sie an der Pfote festgehalten werden, daher sollten Sie bereits bei einem Welpen mit dem Kürzen der Krallen beginnen, so dass er sich schon früh daran gewöhnen kann. Am »fünften« Zeh – in Daumenposition – haben manche Hunde eine Kralle, andere nicht. Ist sie vorhanden, müssen auch diese gekürzt werden. Wenn sie zu lang werden, rollen sie sich nach innen, können in die Haut einwachsen und zu schmerzhaften Infektionen führen.

3

Regelmäßige Krallenpflege ist nicht nur wichtig, um die Krallen kurz zu halten, sondern auch, um Entzündungen frühzeitig entdecken zu können.

THERAPIE UND SELBSTMASSNAHMEN

• Verwenden Sie niemals eine Schere, um die Krallen zu schneiden. Sie ist nicht stark genug und bricht die Krallen eher ab, als sie sauber zu schneiden. Verwenden Sie einen Krallenknipser, der speziell für Hunde geeignet ist. Im Handel sind verschiedene Knipser erhältlich, die jedoch alle nur so lange gute Arbeit leisten, wie ihre Klingen scharf sind. Mit einer Nagelfeile aus Metall können Sie Ecken und Kanten bearbeiten.

• In der Mitte jeder Kralle befindet sich eine Ader, und die Kralle beginnt zu bluten, wenn sie zu kurz abgeschnitten wird. Bei weißen Krallen ist die Ader gut zu erkennen. Beginnen Sie daher mit den weißen Krallen und orientieren Sie sich an ihnen bei den schwarzen. Schneiden Sie nur die Spitze ab, die bereits nach unten wächst.

• Halten Sie ein Blutgerinnungsmittel, wie es etwa bei einer Rasur verwendet wird, bereit, falls Sie die Kralle zu kurz abschneiden und sie zu bluten beginnt. Mehl oder Backpulver, das Sie fest auf die Wunde aufdrücken, kann im Notfall ebenfalls hilfreich sein.

• Jede Kralle enthält auch einen Nerv. Es ist sehr schmerzhaft, wenn Sie ihn treffen. Professionelle Hundepfleger verwenden meist elektrische Krallenschleifer, die es dem Nerv erlauben, sich zurückzuziehen. So können die Krallen kürzer geschnitten werden.

• Nutzen Sie die Gelegenheit, um die Fußballen Ihres Hundes zu untersuchen und lange Haare zwischen den Zehen abzuschneiden.

• Die kleinen Krallen am fünften Zeh können bei Welpen in den ersten Lebenstagen vollständig entfernt werden. Ihr Tierarzt kann sie auch noch in einem Alter von 6–9 Monaten operativ entfernen.

• Bei einem nervösen Hund ist es vielleicht besser, den Tierarzt oder einen professionellen Hundepfleger zu beauftragen, die Krallen zu kürzen.

Achtung

Zur regelmäßigen Hundepflege zählt auch eine Untersuchung der Krallen, da sich am Krallenansatz gelegentlich Infektionen entwickeln können. Die betroffene Stelle ist angeschwollen und schmerzhaft – berühren Sie sie nicht, denn Ihr Hund kann Sie vor Schmerz beißen. Suchen Sie statt dessen den Tierarzt auf. Unter Umständen muss Ihr Hund betäubt werden, damit die Entzündung untersucht werden kann. Als Teil der Behandlung können regelmäßige Fußbäder in Salzwasser empfohlen werden.

3

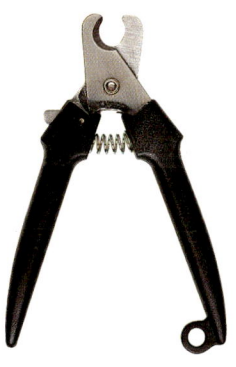

Krallenknipser sind stärker als Scheren und können die Krallen sauber abschneiden.

ZEHENZWISCHENRÄUME

Die Haut zwischen den Zehen und zwischen den Fußballen – manchmal auch der Fußballen selbst – kann sich aus verschiedenen Gründen entzünden. Allergien können eine Ursache sein, vor allem eine durch eingeatmete Allergene hervorgerufene Dermatitis (S. 54); ein erkrankter Hund leckt sich ständig an seinen Pfoten, was zu einer rostfarbenen Verfärbung der Pfoten führt. Äußere Reizungen sind eine andere Ursache, z. B. das Laufen auf Rasendünger, Herbiziden, Teppichshampoo, Kies oder heißem Teer. Es können auch Infektionen zugrunde liegen, wie die Demodex-Räude (S. 46), Bakterien (S. 56) oder Pilzinfektionen durch Hefen. Es gibt außerdem eine Hautkrankheit (Pemphigus), die Fußballen, Augen und Nase befallen kann. Aus unbekannten Gründen greift das Immunsystem sich selbst an, und es kommt zu bakteriellen Sekundärinfektionen und mit Eiter gefüllten Pusteln, die aufbrechen und hässliche Krusten bilden können.

3 THERAPIE UND SELBSTMASSNAHMEN

• Behandlungen mit Epsomer Bittersalz wirken lindernd.

• Bespritzen Sie die Pfoten Ihres Hundes mit Wasser, wenn sie im Winter zu Entzündungen neigen. Halten Sie eine Sprühflasche neben der Haustür bereit. Trocknen Sie die Pfoten nach dem Abspritzen gründlich ab, vor allem zwischen den Zehen.

• Schneiden Sie lange Haare zwischen den Zehen und entfernen Sie jede Verfilzung zwischen den Fußballen.

• Deuten bestimmte Symptome sowie Art und Weise der krankhaften Hautveränderungen auf Pemphigus hin, kann diese Hautkrankheit durch eine Biopsie diagnostiziert werden.

SYMPTOME

• Ständiges Lecken an den Pfoten
• Durch den Speichel verfärben sich weiße Pfoten kupferfarben.

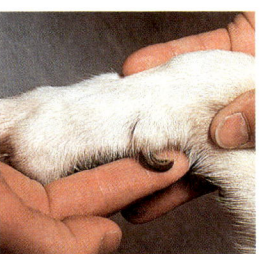

ALTERNATIVE THERAPIEN

⊞ HEILPFLANZEN
Unter das Futter gemischte Kürbissamen sind ein guter natürlicher Zinklieferant und bei Pemphigus-Erkrankungen sinnvoll.

⊡ HOMÖOPATHIE
Sulfur C30, 2-mal täglich verabreicht, wirkt bei Hautentzündungen lindernd.

INNERE ERKRANKUNGEN

Eine innere Erkrankung wird definiert als die Erkrankung eines größeren Organsystems, die den gesamten Körper betrifft. Die Symptome unterscheiden sich je nach erkranktem Organ – etwa Leber, Herz oder Nieren. Die Schlüssel zu guter Gesundheit und hoher Lebenserwartung liegen in der Vermeidung von gesundheitlichen Risikofaktoren sowie in Früherkennung und Behandlung. Je aufmerksamer Sie sind, desto einfacher wird es sein, gemeinsam mit Ihrem Tierarzt die Gesundheit Ihres Hundes zu erhalten.

4

GESUNDER HUND

Es ist empfehlenswert, einen Hund von einem Tierarzt untersuchen zu lassen, sobald er in Ihre Familie kommt. Während bestimmte Dinge, die Sie über Ihren Hund wissen, wichtig sein können, gibt es andere, die nur mittels einer medizinischen Untersuchung festgestellt werden können. Bei einem Welpen sollten Sie mit einer Reihe von Impfungen beginnen, um ihm die besten Chancen für ein gesundes und erfülltes Leben zu mitzugeben.

IMPFUNGEN UND NOSODEN

• Impfungen schützen Ihren Hund vor vielen der gefährlichsten und möglicherweise tödlichen Erkrankungen, die durch Bakterien und Viren verursacht werden. Da ein Hund im Welpenalter am anfälligsten ist, beginnen die Impfungen in einem Alter von 6 Wochen und werden in Intervallen von 3–4 Wochen fortgeführt, bis der Welpe 16 Wochen alt ist. Anschließend werden sie einmal jährlich aufgefrischt. Zu den wichtigsten Impfungen zählen die gegen Staupe, Hepatitis, Leptospirose, Grippe, Parvovirose, Tollwut, Zwingerhusten und Borreliose. Ist der Hund einmal gegen eine Krankheit geimpft, wird er, auch wenn er entsprechenden Bakterien oder Viren ausgesetzt ist, nicht oder nur in einer schwachen Form erkranken, von der er sich wieder erholen wird.

4

• Homöopathische Impfungen werden als Nosoden bezeichnet und aus natürlichen Krankheitserregern hergestellt. Sie sind sterilisiert, verdünnt und so präpariert, dass sie sicher und wirksam sind. Nosoden werden eine Zeitlang oral verabreicht.

Alle Hunde sind anfällig für angeborene oder vererbte Erkrankungen. Manche Rassen sind gefährdeter als andere, so dass eine klinische Untersuchung durch Ihren Tierarzt auf jeden Fall wichtig ist.

DER ÄLTERE HUND

• Hunde gehören mit 8 Jahren zu den Senioren und haben wie die Menschen auch spezielle Bedürfnisse. Um die Lebensqualität Ihres Hundes zu verbessern, sollten Sie ihm Futter geben, das speziell auf sein Alter und seine Lebensgewohnheiten abgestimmt ist. Reduzieren Sie die Kalorien um 30 %, schränken Sie Fett und Proteine ein und steigern Sie den Ballaststoffgehalt, damit Ihr Hund sich dennoch satt fühlt. Gemäßigte Bewegung von mindestens 20 Minuten täglich ist gut für Herz und Lungen und erhöht gleichzeitig den Muskeltonus.
• Die Therapiemöglichkeiten für ältere Hunde profitieren von den Erfahrungen beim Menschen. Zu ihnen gehören die tierärztliche Zahnbehandlung bei Parodontose, die eine Hauptursache für Herzerkrankungen sein kann, sowie neue Therapien gegen Arthritis und Alzheimer, welche auch den Hund befallen können (S. 83).

ALTER UND GRÖSSE

Bei Hunden gibt es große Unterschiede in der Lebenserwartung, die nicht so sehr von der Rasse abhängen, sondern eher von ihrer Größe. Große Hunde haben eine kürzere Lebenserwartung. Sie liegt bei etwa 10 Jahren, während kleinere Hunde oft bis zu 20 Jahre alt werden können.

4

HERZERKRANKUNGEN

Über drei Millionen Hunde leiden unter einer Herzerkrankung. Bei einer Herzschwäche ist die Pumpleistung des Herzens nicht in der Lage, den Körper ausreichend mit Blut zu versorgen. Das Herz muss stärker arbeiten, was zu späteren Schädigungen führen kann.

HERZFEHLER

Bei Hunden gibt es vor allem zwei Herzerkrankungen: die Kardiomyopathie und die Herzklappeninsuffizienz. Bei einer Kardiomyopathie ist der Herzmuskel dünn und schwach, er kann sich nicht mehr ausreichend zusammenziehen und der Blutkreislauf ist gestört. Bei der Herzklappeninsuffizienz sind die Herzklappen geschädigt und schließen nicht mehr korrekt. Auch hier wird der Blutkreislauf gestört. Unter einer Kardiomyopathie leiden vor allem die großen Rassen, während eine Herzklappeninsuffizienz häufiger bei älteren, kleinen Hunden, wie Zwergpudel oder Dackel, festgestellt wird. Die Anzeichen einer Herzerkrankung sind rasches Ermüden, Husten, vor allem morgens nach dem Aufwachen, Kurzatmigkeit, Ohnmacht, Schwäche und Energiemangel.

DER BLUTKREISLAUF

4

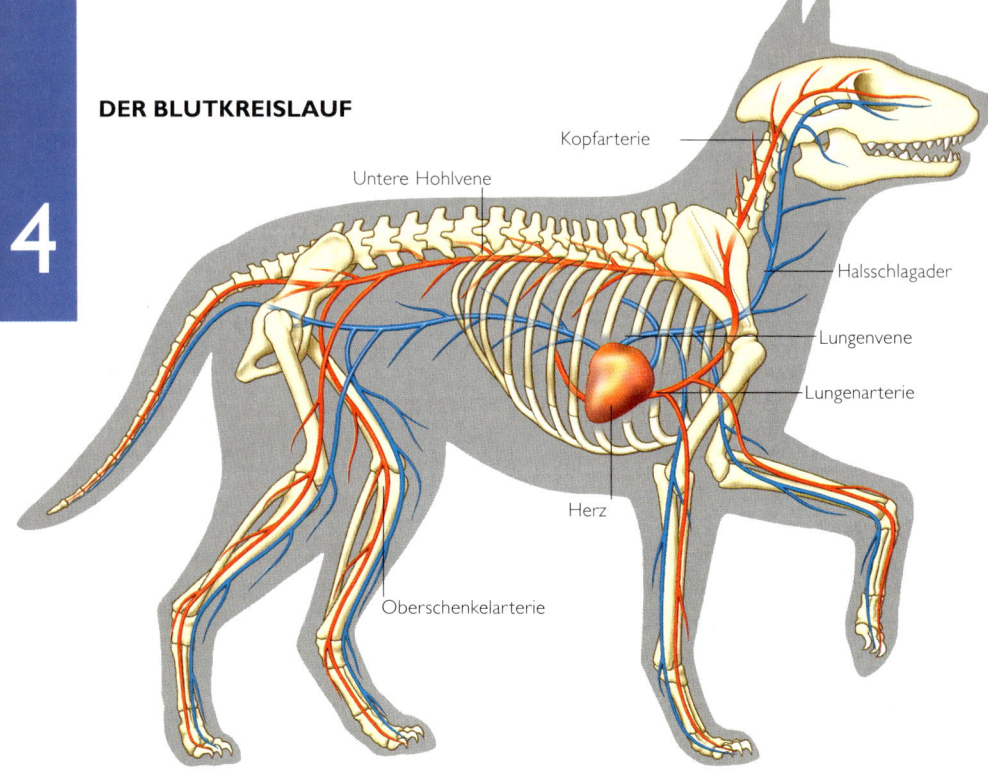

Kopfarterie

Untere Hohlvene

Halsschlagader

Lungenvene

Lungenarterie

Herz

Oberschenkelarterie

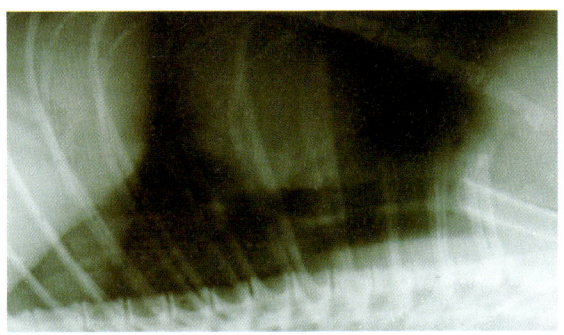

Durch eine Röntgenuntersuchung des Brustkorbes können bestimmte Herzerkrankungen festgestellt werden. Der runde Schattenumriss in der Mitte des Bildes ist das Herz.

THERAPIE

• Um eine Herzerkrankung zu diagnostizieren, wird der Tierarzt Ihren Hund vollständig untersuchen. Er wird das Herz mit einem Stethoskop abhören, ein Röntgenbild des Brustkorbes sowie ein Elektrokardiogramm (EKG) machen, um Rhythmusstörungen des Herzens festzustellen. Eine Ultraschalluntersuchung dient vor allem der Feststellung von Herzklappenfehlern.

• Je nach Art der Herzerkrankung kann die Behandlung eines oder alle »vier Ds« einer Herztherapie beinhalten: eine salzarme Diät; Diuretika, um die Ansammlung von Wasser zu vermeiden und die Nieren beim Ausstoß von Salz und Wasser zu unterstützen; Dilatoren, d. h. Medikamente, die die Venen erweitern und so den Kreislauf des Blutes vereinfachen; Digoxin (Digitalis), d. h. Medikamente, die den Schlag des Herzens stärken und verlangsamen und so seine Effizienz erhöhen.

• Die Einsetzung eines Herzschrittmachers ist vor allem bei Hunden mit Herzrhythmusstörungen angezeigt, die auf eine medikamentöse Behandlung nicht ansprechen. Dasselbe gilt auch für Hunde, die oft kollabieren oder einen sehr langsamen Herzschlag haben. Der Schrittmacher wird über die Halsader eingeführt und zum Herzen hinunter geschoben. Die Drähte werden mit einem Pulsgenerator verbunden, der am Nacken unter die Haut gepflanzt wird. Der Schrittmacher hält ein ganzes Hundeleben lang. Nach der Operation dürfen die Hunde nur noch an einem Geschirr und nicht mehr an der Leine mit Halsband geführt werden, da sich der Generator im Nacken befindet.

4

ALTERNATIVE THERAPIEN

🔲 HOMÖOPATHIE

Crataegus oxycantha X3 (Weißdorn) ist bei Herzschwäche und Herzgeräuschen hilfreich: 4 Wochen lang täglich je 1 Kügelchen auf die Zunge. 10 Minuten nach und vor der Einnahme darf der Hund nicht fressen.

Digitalis purpurea X6 (Fingerhut) lindert Störungen: 1 Tablette, wenn der Hund einen Ohnmachtsanfall und eine blauverfärbte Zunge hat. *Cactus grandiflorus* C6 wird bei Kreislaufproblemen und defekten Herzklappen empfohlen.

HORMONSTÖRUNGEN

Das endokrine System besteht aus sieben Drüsen, die über das Blut Hormone im Körper aussenden, um gewisse Reaktionen hervorzurufen. Jede Drüse hat eine andere Funktion. Wann auch immer eine Drüse weniger (Hypo...) oder mehr (Hyper...) Hormone als notwendig aussendet, kommt es zu verschiedenen Krankheitssymptomen. Die Schilddrüse, die vom Hals des Hundes aus Stoffwechsel und Wachstum reguliert, sowie die Bauchspeicheldrüse, die von der Nähe des Dünndarms aus den Blutzuckerspiegel kontrolliert, sind für die Gesundheit Ihres Hundes die wichtigsten. Ferner gibt es Drüsen, die für die Kalziumproduktion verantwortlich sind, sowie Drüsen, in denen Kortisol und Adrenalin – das »Flucht- und Kampfhormon«, das in stressigen Situationen benötigt wird – produziert werden.

DIE HÄUFIGSTEN STÖRUNGEN

• Diabetes mellitus (Zuckerkrankheit) ist bei Hunden die häufigste hormonelle Störung. Ein Mangel des Hormons Insulin bedeutet, dass Zucker im Blutkreislauf verbleibt, durch den Urin ausgeschieden wird und so nicht der Ernährung der Körperzellen dienen kann. Am häufigsten erkranken übergewichtige, weibliche Hunde im mittleren Alter. Die ersten Anzeichen einer Diabetes sind verstärktes Fressen, Trinken und Urinieren. Wochen oder Monate später kann es zu Grauem Star kommen. Bleibt die Diabetes unbehandelt, können auch Erbrechen, Depressivität und Appetitlosigkeit folgen.

4

Wurde einmal eine Diabetes festgestellt, sind Insulinspritzen für den Rest des Lebens notwendig.

• Die Schilddrüse produziert das Hormon, das den Stoffwechsel kontrolliert. Produziert sie zu wenig, spricht man von einer Schilddrüsenunterfunktion. Die Ursache ist häufig unbekannt, gelegentlich aber zerstört das körpereigene Immunsystem die Drüse. Die Symptome einer Schilddrüsenunterfunktion sind: Haarausfall (manchmal symmetrisch an beiden Körperseiten und ohne Juckreiz); Gewichtszunahme ohne Appetitsteigerung; Lethargie; trockene, schuppige Haut; Ohrinfektionen.

• Eine Überproduktion von Kortisol in der Nebennierenrinde führt zum Cushing-Syndrom, das durch stark gesteigerten Durst und entsprechende Zunahme des Urins charakterisiert wird. Im späteren Stadium kommt es zu einem aufgeblähten Bauch.

• Eine Unterproduktion von Kortisol führt zur Addison'schen Krankheit. Die Symptome sind häufig allgemein und schließen Erbrechen, Durchfall und zunehmende Schwäche ein.

THERAPIE UND SELBSTMASSNAHMEN

• Diabetes wird durch Blut- und Urintests festgestellt, die beide einen erhöhten Blutzuckerspiegel zeigen. Es gibt keine Heilung, doch durch die Gabe von Insulin kann die Krankheit kontrolliert werden. Die erforderliche Insulindosis kann variieren und muss ein Leben lang täglich kontrolliert werden; eine Überdosierung kann lebensgefährlich sein.

• Für einen stabilen Insulinbedarf sollte das Futter wenig Kohlenhydrate, wenig Fett sowie viele Ballaststoffe enthalten und 30 Minuten vor jeder Spritze verabreicht werden. Die Mahlzeiten müssen 2-mal täglich zur selben Zeit gegeben werden. Naschereien zwischendurch entfallen. Auch die Bewegung sollte ausgeglichen sein. Der Hund sollte sterilisiert werden, da die Fortpflanzungszyklen den Insulinbedarf erhöhen können. Da Diabetes erblich ist, verhindert eine Sterilisation auch die Übertragung auf künftige Generationen.

• Eine Schilddrüsenunterfunktion wird durch einen Bluttest diagnostiziert. Schilddrüsenerkrankungen sind nicht heilbar, können aber durch die orale Einnahme von Schilddrüsenhormonen kontrolliert werden. Sie ist ein Leben lang notwendig, auch wenn die Haare rasch wieder wachsen, der Hund an Gewicht verliert und Ohrenerkrankungen verheilen.

4

ALTERNATIVE THERAPIEN

⊠ HEILPFLANZEN

Kelp stimuliert die Schilddrüse: Geben Sie Ihrem Hund täglich 1/2 TL. Rohes, grünes Gemüse senkt den Blutzuckerspiegel.

Brokkoli und Kohl

□ HOMÖOPATHIE

Phosphorus X6 (4 Wochen lang je 1 Kügelchen täglich auf die Zunge), kann diabetischen Hunden helfen. Bei Hunden mit Schilddrüsenunterfunktion geben Sie Nux vomica C30, täglich für 5 Tage.

NIERENERKRANKUNGEN

Die Nieren erfüllen zahlreiche lebenswichtige Funktionen. Sie filtern und entfernen über den Urin Giftstoffe aus dem Körper, regulieren den Kalzium- und Vitamin-D-Haushalt und bilden das Hormon, das für die Produktion der roten Blutkörperchen verantwortlich ist. Jede Störung, die eine gesunde Nierenfunktion beeinträchtigt, kann zu Nierenerkrankungen führen – die zweithäufigste Todesursache bei Hunden. In den meisten Fällen kommt es ohne eine offensichtliche Ursache zu altersbedingten Nierenschädigungen.

Andere Ursachen einer Nierenerkrankung sind Infektionen durch Bakterien oder Viren, ernährungsbedingte Faktoren, ein Defekt des Immunsystems, Gift oder vererbte Rassendefekte.

Akute Nierenerkrankungen treten plötzlich auf und sind bei einer sofortigen Behandlung in der Regel heilbar. Häufiger sind chronische Nierenerkrankungen, die erst auftreten, wenn die Nieren bereits über mehrere Jahre geschädigt wurden. Sie sind unheilbar.

4

DIE NIEREN

SYMPTOME

- Verstärkter Durst und Urinausstoß sind charakteristisch für chronische Nierenerkrankungen, da die geschädigten Nieren nicht mehr in der Lage sind, konzentrierten Urin zu produzieren. Es sind Untersuchungen erforderlich, um Erkrankungen mit ähnlichen Symptomen auszuschließen (Diabetes mellitus, Cushing-Syndrom oder Harnwegserkrankungen).
- Gewichtsverlust, Depressivität, Appetitlosigkeit und gelegentliches Erbrechen, das auftritt, weil sich Ammoniak im Blut bildet.
- Die Symptome treten meist erst auf, wenn bereits 80 % der Nierenfunktionen verloren gegangen sind.

Nieren

Blase

THERAPIE UND SELBSTMASSNAHMEN

• Eine Flüssigkeitstherapie ist der wichtigste Faktor in der Behandlung einer Nierenerkrankung. In der Regel konzentrieren die Nieren den Urin, um den Flüssigkeitshaushalt stabil zu halten. Durch eine Nierenerkrankung geht sehr viel Flüssigkeit über den Urin verloren, so dass Austrocknung ein Hauptproblem ist. Auch gute Ernährung ist wichtig. Das Ziel ist, die Arbeitsleistung der Nieren zu reduzieren, indem Giftstoffe vermieden werden, die die Nieren ausstoßen müssten. Proteine, Salz und Phosphor produzieren eine Menge an Giftstoffen, so dass die Diät nur wenige Proteine, wenig Salz und wenig Phosphor enthalten sollte. Die meisten nierenkranken Hunde sind ebenfalls anämisch (Mangel an roten Blutkörperchen). Mit Vitaminen der B-Gruppe und Eisen als Nahrungsergänzungen kann zumindest die Anämie bekämpft werden.

• Die moderne Schulmedizin macht sich die Behandlung mit Vitamin D zunutze. Speziell auf den einzelnen Hund abgestimmt, kann sie eine weitere Schädigung der Nieren verhindern. Dialyse-Patienten werden bereits mit diesem Medikament behandelt, bei Haustieren dagegen ist es noch im Versuchsstadium. Doch zeigen erste Resultate bereits, dass es bei Hunden mit chronischen Nierenerkrankungen sehr wirksam ist. In schweren Fällen können auch Nierentransplantationen in Betracht gezogen werden.

• Bei der Langzeitbehandlung von Nierenerkrankungen sind regelmäßige Untersuchungen wichtig. Blut und Urin sollten alle 3–5 Monate untersucht werden. Sie können auch den Flüssigkeitshaushalt Ihres Hundes testen, indem Sie am Nacken ein wenig in die Haut zwicken. Halten Sie sie für 5 Sekunden fest und lassen Sie dann los: Braucht die Haut länger als 5 Sekunden, um sich wieder zu glätten, ist Ihr Hund ausgetrocknet und benötigt Flüssigkeit.

4

ALTERNATIVE THERAPIEN

⊠ HEILPFLANZEN

Alfalfa *(Medicago sativa)*, je nach Größe des Hundes bis zu 4 Tabletten täglich, kann der Stärkung des Nierengewebes dienen. Zerkleinern Sie sie und mischen Sie sie unter das Futter. Zerhackte, frische Petersilie *(Petroselinum crispum)* kann, regelmäßig unter das Futter gemischt, ebenfalls hilfreich sein.

⊡ HOMÖOPATHIE

Kalium chloratum ist bei langfristigen und zerstörerischen Nierenerkrankungen hilfreich. *Arsenicum album* C30 kann während akuter Phasen mit Erbrechen lindernd wirken. *Silicea* C30 kann die Schädigung bei chronischen Nierenerkrankungen verlangsamen.

INKONTINENZ

W enn Ihrem stubenreinen Hund in der Wohnung immer wieder Missgeschicke geschehen, kann ein gesundheitliches Problem die Ursache sein. Es ist wichtig, jede Form von Inkontinenz schnell zu erkennen und zu behandeln. Ständiger Kontakt mit Urin kann zu sekundären Komplikationen wie etwa Hautgeschwüren führen.

URSACHEN

• Die häufigste Form von Inkontinenz ist eine östrogenabhängige Inkontinenz – sie kann bei älteren Hündinnen auftreten.

• Zu Missgeschicken kann es kommen, wenn ein Hund eine Erkrankung hat, die zu einer Urinsteigerung führt (z. B. Cushing-Syndrom, Diabetes mellitus und chronische Nierenerkrankungen).

• Bei Harnwegsinfekten verspüren einige Hunde einen verstärkten Harndrang. Reizungen und Infektionen der Blase können zu unwillkürlichen Blasenkontraktionen führen. Weitere Ursachen einer Inkontinenz sind Blasensteine, Tumore oder Polypen in der Blase.

• Manche Medikamente können zu einer Steigerung der Urinmenge führen. Diuretika zum Beispiel, die bei Herzerkrankungen zur Verminderung der Flüssigkeitsansammlung gegeben werden, stimulieren die Nieren, mehr Urin zu produzieren.

4

DER HARNTRAKT EINES RÜDEN

SYMPTOME

• Häufiges Urinieren (meist an ungewöhnlichen Orten)
• Tröpfeln des Urins, während der Hund ruht oder schläft
• Ständiges oder ununterbrochenes Tröpfeln
• Der Urin kann verfärbt sein.
Hunde mit einer Urolithiasis können folgende Symptome haben:
• Pressen beim Urinieren
• Schwäche
• Appetitlosig-keit
• Erbrechen

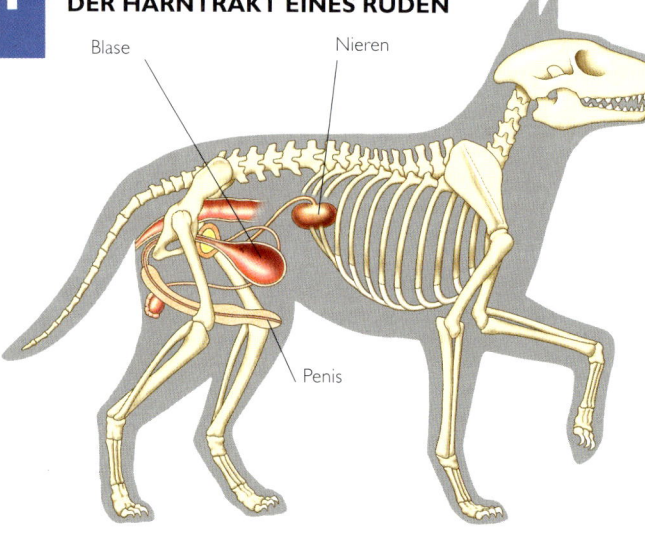

Blase   Nieren

Penis

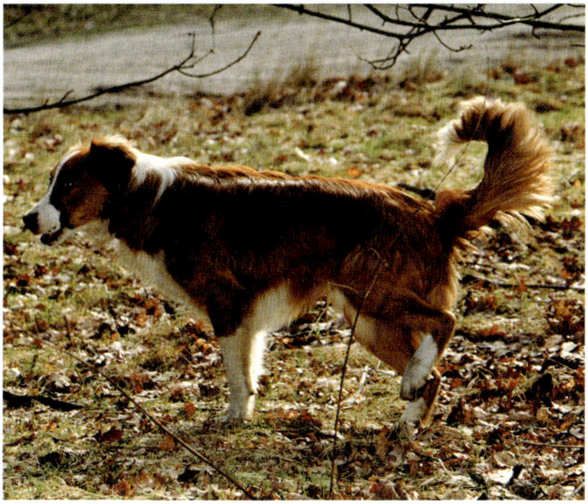

THERAPIE

• Der Tierarzt wird die Ursache der Inkontinenz durch eine körperliche Untersuchung, durch Blut- und Urintests sowie durch ein Röntgenbild des Bauchraums feststellen.

• Bei einer östrogenabhängigen Inkontinenz ist eine Östrogentherapie sehr wirksam. Der Hund nimmt täglich eine Tablette ein und das Problem verschwindet meist innerhalb von einer Woche.

• In manchen Fällen ist eine Operation die einzige Möglichkeit, Blasensteine zu entfernen. In anderen Fällen können die Steine durch spezielle Diäten aufgelöst werden.

Achtung

Urolithiasis ist eine Erkrankung, die durch Steine oder Kristalle im Harntrakt verursacht wird. Steine können den Urinfluss sowie den Ausstoß von Giftstoffen blockieren und unter Umständen tödlich sein. Der Tierarzt wird die Blockade lösen und die Blase des Hundes entleeren. Nach dieser Behandlung ist eine Diät notwendig, die die Bildung neuer Steine verhindert: Ohne diese Vorsorgemaßnahmen erkrankt die Hälfte aller Hunde erneut.

4

Alternative Therapien

Heilpflanzen

Hirtentäschelkraut *(Capsella bursa-pastoris)* bringt meist etwas Linderung.

Homöopathie

Belladonna C30 wird bei akuten Harnwegsinfekten verschrieben, vor allem wenn der Urin dunkel verfärbt ist. *Urtica urens* X3 wirkt harntreibend und verringert die Neigung zur Nierensteinbildung, während *Hydragena* X3 in dieser Hinsicht präventiv wirkt.

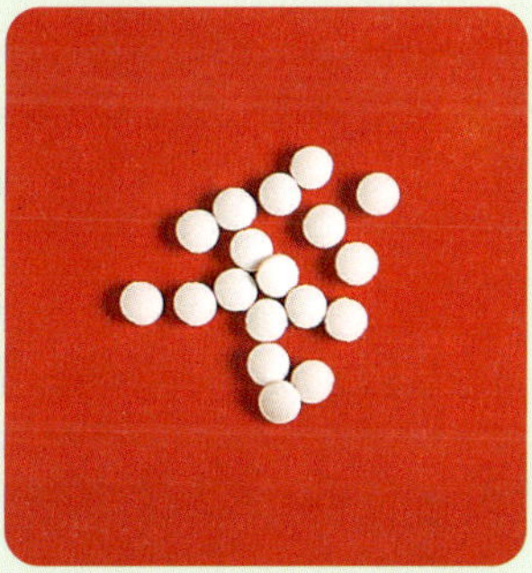

FORTPFLANZUNGSPROBLEME

Die meisten Hündinnen und Rüden werden in einem Alter von
sechs bis neun Monaten geschlechtsreif. Hündinnen werden in der
Regel alle sechs Monate einmal heiß, meist im Frühling und im Herbst.
Einige Tage vor der wirklichen Hitze beginnt der Blutungszyklus und
die Hündin spricht stark auf Rüden an. Die Persönlichkeit des Tieres
verändert sich, es wird ungeduldig und ängstlich. Die Sterilisation einer
Hündin eliminiert alle Hitze- und Blutungszyklen sowie die Persönlich-
keitsveränderungen.

PYOMETRA

Pyometra ist eine Infektion der Gebärmutter, die bei nicht sterilisierten Hündinnen mittleren Alters auftreten kann. Das Hormon Progesteron verdickt die
Wände der Gebärmutter und verschließt den Gebärmutterhals. In dieser Umgebung können Bakterien sich hervorragend entwickeln und verursachen, dass
sich die Gebärmutter mit Eiter füllt.

Es gibt zwei Arten der Pyometra, je nachdem ob der Gebärmutterhals geschlossen oder geöffnet ist. Eine offene Pyometra tritt während oder direkt
nach einem Hitzezyklus auf, wenn der Gebärmutterhals noch geöffnet ist.
Durch diese Öffnung tritt der Eiter gemeinsam mit der blutigen oder klaren
Flüssigkeit des Hitzezyklus durch die Scheide aus. Sie können den fauligen
Scheidenausfluss sehen oder riechen. Der Hund hat leichtes Fieber, ist lethar-
gisch und durstig. Eine geschlossene Pyometra entwickelt sich 1–3 Monate
nach dem Hitzezyklus, wenn der Gebärmutterhals verschlossen ist. Der Eiter
kann nicht aus dem Körper gelangen. Einige der Bakterien kommen in den
Blutkreislauf und können eine Blutvergiftung verursachen, die rasch zum Tod
führen kann. Die Symptome sind hohes Fieber, Schwäche, Appetitlosigkeit und
Erbrechen.

4

Die plötzliche Zuneigung
zu einem Gegenstand
wie einem Spielzeug kann
auf eine Scheinschwan-
gerschaft hinweisen.

Achtung

Bei Rüden ist es wichtig sicherzustellen, dass beide Hoden sich im Hodensack befinden. Verbleiben sie im Unterbauch, können sie bösartige Tumore verursachen. In der Regel sollten sie in einem Alter von etwa 6 Monaten im Hodensack erscheinen. Bei kleineren Rassen, wie dem Yorkshire Terrier, verbleiben sie häufiger im Bauchraum.

THERAPIE

• Die Behandlung der Wahl bei Pyometra ist die operative Entfernung von Gebärmutter und Eierstöcken. Hunde mit Pyometra sind oft in einem Schockzustand, ausgetrocknet und leiden zusätzlich unter einer Nierenerkrankung. Tierärzte haben zu entscheiden, was lebensbedrohlicher ist: die Behandlung oder die Krankheit. Ist ein Hund einmal an Pyometra erkrankt, tritt sie häufig wieder auf, so dass eine Sterilisation in jedem Fall angezeigt ist.

• Für sehr wertvolle Zuchttiere, die an einer offenen Pyometra erkranken, gibt es eine neue medizinische Behandlung mit einem Hormon namens Prostaglandin F2 Alpha. Dieses Hormon verursacht Gebärmutterkontraktionen, durch die der Eiter ausgestoßen wird.

• Die Sterilisation einer Hündin erfolgt durch die Entfernung von Eierstöcken, Eileitern und Gebärmutter. Findet eine solche Operation vor dem ersten Hitzezyklus in einem Alter von 6 Monaten statt, verringert sich das Risiko von Brust- oder Gebärmutterkrebs dramatisch und eine spätere Pyometra-Erkrankung kann gar nicht erst auftreten.

• Die Kastration eines Rüden erfolgt durch die operative Entfernung der Hoden, so dass Hodenkrebs kein Risiko mehr darstellt. Uringeruch und die Reviermarkierung mit Urin verschwinden ebenfalls. Kastrierte Rüden sind ruhiger und bleiben gern zu Hause. Sie verändern ihre Persönlichkeit nicht, auch wenn aggressive Neigungen reduziert werden.

4

ALTERNATIVE THERAPIEN

HOMÖOPATHIE

Bei Pyometra kann *Caulophyllum* C30 die Verfassung einer Hündin vor der Operation verbessern, vor allem wenn es sich um die offene Form handelt.

Sepia C30 (Tintenfisch) wird bei Pyometra auch häufig empfohlen. Die Dosis liegt meist bei 3 Tabletten täglich in 4-Stunden-Intervallen.

EPILEPSIE

Das wichtigste Symptom einer Epilepsie sind die Anfälle. Sie werden durch anormale Aktivitäten im Gehirn verursacht. Die meisten Anfälle dauern ein bis drei Minuten. Bei kleineren Anfällen beginnt der Hund zu sabbern, bekommt einen starren Blick oder vereinzelt Muskelzuckungen. Bei größeren Anfällen verliert der Hund vollständig die Kontrolle über sich. Einige Hunde sind anschließend wieder ganz normal, andere sind noch benommen. Die Anfälle verbrauchen eine Menge an Energie.

Es gibt epileptische Anfälle, die in Folge einer Erkrankung wie Diabetes, Nierenerkrankungen oder Gehirntumoren auftreten. Solche Hunde sind meist älter als sechs Jahre, bevor sie ihren ersten Anfall haben. Doch bei den meisten Epilepsien sind die Ursachen unbekannt. Die Erkrankung macht sich häufig in einem Lebensalter zwischen eins und fünf Jahren bemerkbar, wobei sie bei einigen Rassen, wie Golden Retriever, Cocker Spaniel, Husky und Zwergpudel, häufig auftritt.

THERAPIE UND SELBSTMASSNAHMEN

• Jeder Hund, der unter Anfällen leidet, sollte durch einen Tierarzt untersucht werden. Er wird den Hund körperlich untersuchen, Blut und Urin analysieren sowie Röntgenbilder machen. Wird eine Ursache gefunden (z. B. Diabetes oder Nierenerkrankung), kann diese behandelt werden, und die Anfälle können ein Ende finden.

4

SYMPTOME

• Speichelfluss
• Treten mit den Füßen
• Erweiterte Pupillen
• Benommenes Verhalten
• Keine Kontrolle über Urin oder Stuhl

• Es gibt verschiedene krampflösende Medikamente, die verschrieben werden können. Eine tägliche Tabletteneinnahme ist nicht empfehlenswert, solange die Anfälle nicht öfter als einmal im Monat auftreten. Mit der geeigneten Behandlung können die meisten Hunde ein normales Leben führen, dass nur ein klein wenig kürzer ist.

ALTERNATIVE THERAPIEN

HOMÖOPATHIE

Silicea C30 (Kieselsäure) kann hilfreich sein: eine Dosis aus 2 ganzen oder 3 zerkleinerten Globuli auf die Zunge. Eine Stunde vor und nach der Einnahme darf der Hund nicht fressen. Prüfen Sie nach einem Monat die Verfassung Ihres Hundes. Viele Hundebesitzer schwören auch auf Akupunktur.

VERHALTENS-STÖRUNGEN

Geeignetes Spiel fördert die Sozialisation, und ein gut sozialisierter Welpe wird ein großartiges Haustier. Beginnen Sie damit, sobald Sie einen Welpen bekommen, am besten in einem Alter von acht Wochen. Es ist das beste Alter, um den Welpen an seine Menschen zu binden. Mit acht bis zehn Wochen sind Welpen sehr beeinflussbar und brauchen so viele positive Erfahrungen mit Menschen und anderen Tieren wie möglich. Zwischen zehn und sechzehn Wochen beginnen die Welpen zu lernen. Und das sollte Spaß machen. Ihr Welpe sollte durch positive Bestätigung lernen. Bestrafen Sie ihn nicht, sondern arbeiten Sie mit Lob. Erziehen Sie ihn mit Liebe und Gerechtigkeit, so wie Sie es auch bei einem Kind tun würden.

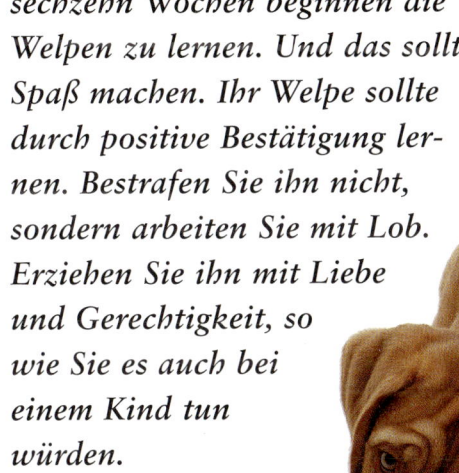

5

ERZIEHUNG

Erziehung ist Gehorsam in grundsätzlichen Dingen. Es bedeutet, dass der Hund lernt zu sitzen, zu stehen, zu kommen und bei Fuß zu gehen. Wenn Ihr Hund gelernt hat, auf Sie zu hören, können Sie viel Spaß miteinander haben.

ERZIEHUNG IHRES HUNDES

Der beste Weg zur Erziehung ist positive Bestätigung. Versuchen Sie herauszufinden, was Ihr Welpe am liebsten mag (Futter, ein Spielzeug, körperliche Zuwendung), und belohnen Sie ihn damit, wenn er das in Ihren Augen korrekte Verhalten zeigt. Machen Sie Spiele aus geliebten Aktivitäten. Basierend auf ihrem natürlichen Instinkt genießen bestimmte Rassen bestimmte Spiele. Springer etwa lieben es zu rennen, werfen Sie also Bälle für sie. Kreative Spiele erziehen Ihren Welpen und bieten eine Möglichkeit, seine überschüssigen Energien abzubauen. Gleichzeitig stärken sie das emotionale und soziale Wachstum, verbessern die Koordinationsfähigkeit und verstärken Ihre gemeinsame Beziehung. Vermeiden Sie raue Spiele, Ringen und Kämpfen, weil sie Ihrem Welpen so beibringen, Sie anzugreifen.

THERAPIE UND SELBSTMASSNAHMEN

- Auch die best erzogenen Hunde gehorchen nur zu 80 %. Seien Sie also geduldig und geben Sie nicht auf, wenn Ihr Welpe nicht hört. Wenn er etwas Gefährliches tut, wenden Sie negative Bestätigung an, so dass er dies sofort unterlässt und sich nicht selbst verletzt. Bespritzen Sie ihn mit Wasser oder machen Sie ein plötzliches lautes Geräusch, wenn er beispielsweise an einem Stromkabel knabbert.

- Wann immer Sie sich über das Verhalten Ihres Hundes Sorgen machen, sollten Sie ohne Verzögerung Unterstützung suchen. Besprechen Sie Ihr Problem mit Ihrem Tierarzt. Er kann feststellen, ob ein gesundheitliches Problem für plötzliche Verhaltensänderungen verantwortlich ist. Er kann Ihnen auch einen Verhaltenstherapeuten nennen.

5

HUND UND BABY

• Ein Baby zu erwarten, ändert eine Menge Dinge – und natürlich auch das Verhalten Ihres Hundes. Verändern Sie Ihre häusliche Umgebung und die Routine des Hundes so früh wie möglich.

• Wenn in Ihrer Wohnung alles erlaubt war, sollten Sie dies ändern. Versuchen Sie, Ihrem Hund den Unterschied zwischen seinen Spielsachen und denen des Babys beizubringen. Halten Sie das Kinderspielzeug von Beginn an getrennt. Stellen Sie sicher, dass Ihr Hund weiß, womit er spielen darf.

• Ein schreiendes Baby kann einen ausgewachsenen Hund aufregen, daher sollten Sie ihn an dieses Geräusch gewöhnen, bevor das Baby ankommt. Lassen Sie ein Band mit dem Geräusch eines schreienden Babys laufen, stellen Sie es allmählich lauter und achten Sie darauf, wie Ihr Hund reagiert. Manche Experten gehen sogar so weit, dass Sie empfehlen, eine Puppe zu besorgen, an der Sie in Anwesenheit Ihres Hundes all das durchführen, was Sie später auch mit Ihrem Baby machen werden.

• Ist der große Tag schließlich da, sollte Papa mit dem Baby im Auto warten, während Mama hinein geht und den Hund begrüßt. Hat sich die anfängliche Aufregung gelegt, nimmt sie ihn an die Leine und lässt ihn neben sich sitzen oder liegen, während Papa mit dem Baby im Arm hinein kommt. Mama geht dann mit dem Hund langsam in Richtung Papa und Baby. Beginnt der Hund zu bellen, wird er nervös oder ängstlich, sollten Sie es später noch einmal versuchen. Wenn alles gut geht, kann der Hund an dem Baby schnuppern. Das Beste ist, den Hund allmählich an das Baby zu gewöhnen – zwingen Sie ihn nicht und machen Sie keinen Wirbel darum. Und gleichgültig, wie gut Sie Ihren Hund kennen: Lassen Sie ihn niemals mit dem Baby allein.

5

ALTERNATIVE THERAPIEN

⬚ HEILPFLANZEN

Wenn Ihr Hund zur Nervosität neigt, versuchen Sie, ihn – in Absprache mit Ihrem Tierarzt – mit Helmkraut *(Scutellaria lateriflora)* zu beruhigen.

⬚ HOMÖOPATHIE

Kalium phosphoricum X6 kann bei einem hyperaktiven Hund hilfreich sein. Geben Sie ihm diese Arznei über einen Zeitraum von 4 Wochen täglich.

ZERSTÖRERISCHES VERHALTEN

Meist findet Zerstörungswut ihren Ursprung bereits im Welpenalter und sie kann ein Hundeleben lang anhalten. In manchen
Fällen kann dies zu großen familiären Missstimmungen führen. Durch
die Sicherstellung, dass Ihr Hund sein Leben vom ersten Tag an in der
richtigen Weise beginnt, können Sie jede Art von zerstörerischem Verhalten vermeiden.

KNABBERN

• Wenn Welpen zahnen, ist ihr Zahnfleisch wund,
darum knabbern sie – sie fühlen sich dadurch besser. Später knabbern Hunde, weil es Spaß macht.
Gelegentlich knabbern sie, um Ängste abzubauen
(Trennungsängste, S. 84) oder aus Langeweile. Bei
älteren Hunden kann auch schmerzhaft entzünde-
tes Zahnfleisch die Ursache des Knabberns sein.

• Bieten Sie Welpen geeignetes Spielzeug zum
Knabbern an. Im Handel sind verschiedene Produkte erhältlich, wie zum Beispiel essbare Knochen
oder Baumwollbälle. Sie können auch selbst etwas
zum Knabbern herstellen, etwa aus alten Tüchern.
Verwenden Sie niemals Leder oder echte Fleisch-
knochen, da sie splittern und Magen und Darm des
Hundes verletzen können.

• Geben Sie Ihrem Welpen keine alten Schuhe zum
Knabbern. Er kann zwischen alten und neuen
Schuhen nicht unterscheiden und wird sich auch
auf die neuen stürzen.

TIPP

Wenn Sie Ihren Hund
für längere Zeit allein
zu Hause lassen müs-
sen, gehen Sie vorher
stramm mit ihm spa-
zieren. Der Hund wird
dann eher geneigt sein
zu schlafen, als in ihrer
Abwesenheit auf zer-
störerische Raubzüge
zu gehen.

5

• Ältere Hunde, die ständig knabbern, haben entweder ein gesundheitliches Problem oder eine Verhaltensstörung. Lassen Sie Körper und Zähne Ihres Hundes vom Tierarzt untersuchen. Die meisten Hunde, die älter als 8 Jahre sind, haben Parodontose, die mit schmerzhaftem Zahnfleisch und einer Gingivitis einhergehen kann. Eine Zahnreinigung kann das Problem lösen (S. 17).

WELPEN-GEEIGNET WOHNEN

• Wenn Sie einen Welpen nach Hause bringen, sollten Sie mit einer Veränderung Ihrer Lebensgewohnheiten, mit Unannehmlichkeiten und mit einer Menge Zeit rechnen, die Sie vor allem zu Beginn mit Ihrem Welpen verbringen müssen. Welpen sind wie Krabbelkinder – alles, was sie sehen, nehmen sie in den Mund. Betrachten Sie Ihr Heim daher mit Welpenaugen. Wenn nötig, krabbeln Sie auf Händen und Knien umher. Sehen Sie nach Versuchungen, die gefährlich sein können, wie Elektrokabel, kleine Gegenstände, die verschluckt oder in der Luftröhre stecken bleiben können, sowie giftige Pflanzen (z. B. Stechpalme, Efeu, Azalee). Seien Sie im Garten vorsichtig mit Pestiziden (Ameisen- oder Rattengift) und Frostschutzmitteln. Stellen Sie sicher, dass Ihre Mülltonnen nicht erreichbar und sicher verschlossen sind.

• Bedienen Sie sich der negativen Bestätigung, wenn Sie sehen, dass Ihr Hund etwas Gefährliches tut, damit er unverzüglich damit aufhört und sich nicht selbst verletzt. Machen Sie beispielsweise ein plötzliches lautes Geräusch, wenn Sie sehen, dass er an einem Elektrokabel kaut. Verwenden Sie eine Schütteldose: Füllen Sie eine leere Getränkedose mit einer Handvoll kleiner Münzen (sie passen gerade durch die Öffnung) und schütteln Sie kräftig.

BESCHÄFTIGUNG FÜR WELPEN

Spielzeug erspart Ihrem Welpen Langeweile. Es regt auch seinen Verstand an und ermutigt ihn zu Problemlösungen. Sprechendes und erzieherisches Spielzeug sind echte Langeweile-Killer. Anderes Spielzeug kann mit Erdnussbutter oder Käse gefüllt werden. Es gibt röhrenförmiges Spielzeug, das aus einzelnen Kammern besteht, die Sie mit Trockenfutter füllen können. Wenn der Welpe das Rohr bewegt, rappelt das Trockenfutter und weckt sein Interesse.

Geeignetes Spielzeug wird die Aufmerksamkeit Ihres Hundes von Ihren Schuhen und Polstern fernhalten.

5

SAUBERKEIT

Ein stubenreiner Hund erledigt sein Geschäft nur zu den Zeiten und an den Orten, die Ihnen recht sind. Hunde markieren instinktiv ihr Revier. Sie können in der Sauberkeitserziehung daher nur erfolgreich sein, wenn Sie Ihrem Hund beibringen, wo die Grenzen seines Reviers sind. Die Sauberkeitserziehung dauert vier bis acht Wochen.

SELBSTMASSNAHMEN

• Als erstes kaufen Sie ein Körbchen. Es muss groß genug sein, damit es bequem ist, aber nicht zu groß, da der Hund ansonsten in der einen Ecke schläft und die andere Ecke als Toilette nutzt. Wenn Sie einen Tragekorb wählen, können Sie ihn wie ein mobiles Heim auch für Reisen verwenden.

• Welpen müssen nach draußen geführt werden, wenn sie aufwachen, nach jeder Mahlzeit und bevor sie schlafen gehen. Die meisten Welpen verspüren innerhalb der ersten Stunde nach dem Fressen Stuhldrang. Sie sollten täglich 2- bis 3-mal zu feststehenden Zeiten gefüttert werden. Lassen Sie das Futter 20–30 Minuten stehen und entfernen Sie es dann. Die letzte Mahlzeit sollte 5 Stunden vor dem Schlafen gehen abgeschlossen sein.

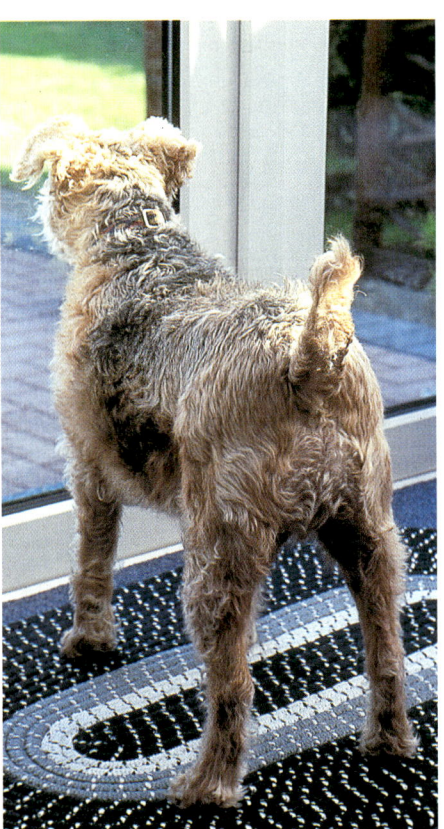

• Führen Sie den Hund an der Leine nach draußen, und zwar jedes Mal durch dieselbe Tür zum selben Ort. Loben Sie ihn, wenn er sein Geschäft erledigt. Wenn nicht, führen Sie den Hund wied ins Haus und legen Sie ihn für 15 Minuten in sein Körbchen. Dann wiederholen Sie die Prozedur, bis der Erfolg sich einstellt. Wenn Sie ins Haus zurückkommen, muss er nicht ins Körbchen. Beschränken Sie den Radius des Hundes auf nur eine kleine, relativ sichere Stelle Ihrer Wohnung.

• Wenn Sie Ihren Welpen längere Zeit allein zu Hause lassen müssen, sollten Sie ihn in einem kleineren Raum einschließen. Er sollte jedoch genug Platz zum Schlafen und Fressen bieten. An einer abgelegenen Ecke können Sie Zeitungspapier auslegen, auf dem er sich entleeren kann.

5

• Häufig wird der Hund fälschlicherweise alleine nach draußen gelassen. Viele Hunde kommen dann zurück ins Haus und erledigen dort ihr Geschäft. Meist regt man sich darüber auf, was das ungewünschte Verhalten eigentlich verstärkt. Wenn Ihr Hund sich in Ihrer Anwesenheit entleert, reicht ein sanftes »Nein« bei einem scheuen Hund, ein halsstarriges Tier benötigt einen etwas bestimmteren Tonfall. Bringen Sie den Hund anschließend an der Leine nach draußen zu der gewohnten Stelle und belohnen Sie ihn. Ihren Hund nach einem Missgeschick zu beschimpfen – auch wenn es erst einige Minuten zurückliegt – hat wenig Sinn, da er nicht in der Lage ist, Ihre bösen Worte mit einem vergangenen Verhalten in Verbindung zu bringen.

• Ist ein Missgeschick in der Wohnung geschehen, ist es wichtig, den Geruch loszuwerden. Im Handel sind wirksame Produkte erhältlich, die Ihnen Ihr Tierarzt empfehlen kann. Verwenden Sie zur Reinigung niemals Ammoniak, da es ihren Hund motivieren kann, an denselben Ort zurückzukehren.

KOGNITIVES DYSFUNKTIONS-SYNDROM

• Im späteren Leben kann ein Hund seine Sauberkeitserziehung vergessen. Das Kognitive Dysfunktions-Syndrom ist ein Äquivalent zur Alzheimer'schen Krankheit beim Menschen. Es ist der dritthäufigste Grund für Einschläferungen und befällt jährlich etwa 7 Millionen Hunde, die älter als 10 Jahre sind. Es handelt sich um eine altersbedingte Schädigung der kognitiven Fähigkeiten, die durch vergessene Sauberkeitserziehung, Desorientierung, zielloses Umherlaufen, starren Blick, vermindertes Ansprechen auf die Familienmitglieder, Verwirrung und ausgedehnte Schlafphasen charakterisiert wird. Anhand einer Blutuntersuchung kann die Krankheit nicht festgestellt werden; die Tierärzte diagnostizieren sie durch den Ausschluss anderer Erkrankungen, die ähnliche Symptome hervorrufen.

Achtung

Regelmäßige Wurmkuren sind sehr wichtig (S. 38), da es Würmer gibt, die auf Menschen, vor allem auf Kinder, übertragen werden können. Welpenkot enthält häufig Wurmeier.

5

Ein Welpe muss lernen, dass es keine Bestrafung ist, wenn er allein zu Hause bleibt.

TRENNUNGSANGST

Trennungsangst ist eine komplexe Verhaltensstörung, die bei einigen Hunden auftritt, wenn sie von ihrer Bezugsperson getrennt werden. Hunde mit einer solchen Verhaltensstörung benehmen sich oft wunderbar, wenn ihr Besitzer oder die Familie zu Hause ist, doch alleine geraten sie in Panik. Die Symptome sind: zerstörerisches Verhalten, unkontrollierte Darmentleerung, verstärkter Speichelfluss sowie Bellen und Jaulen. Etwa 14 % aller Hunde leiden unter Trennungsangst, und es ist die zweithäufigste Ursache für die Besitzer, um Einschläferung zu bitten.

5

SELBSTMASSNAHMEN

• Der beste Weg um sicherzustellen, ob Ihr Hund unter Trennungsängsten leidet oder nicht, ist es, in Ihrer Abwesenheit eine Videokamera laufen zu lassen. Es gibt andere Erkrankungen mit ähnlichen Symptomen, besprechen Sie Ihr Problem daher mit Ihrem Tierarzt.

Achtung

Wenn Sie einen Hund mit Trennungsangst alleine lassen, können Sie ihn sehr erschrecken. Er kann bereits in Panik geraten, wenn er sieht, wie Sie sich fertig machen. Machen Sie Ihren Hund daher mit Anzeichen des Ausgehens vertraut: Spielen Sie mit Ihrem Autoschlüssel, ziehen Sie sich den Mantel an, auch wenn Sie gar nicht fortgehen. Es kann sein, dass der Hund dadurch lernt, diesen Dingen gegenüber gleichgültiger zu werden.

• Hunde mit Trennungsangst können ihr Verhalten nicht kontrollieren und sollten daher auch nicht bestraft werden. Ermahnungen und Bestrafungen können die Angst Ihres Hundes tatsächlich verstärken und das Problem verschlimmern. Auch die Gesellschaft eines zweiten Hundes hilft in der Regel nicht.

• Es gibt Techniken, die Trennungsangst unter Kontrolle zu bringen. Sie sind recht simpel und einfach zu befolgen. Beginnen Sie beispielsweise damit, übertriebene Verabschiedungszeremonien zu vermeiden (ignorieren Sie Ihren Hund in den letzten 30 Minuten, bevor Sie das Haus verlassen). Hinterlassen Sie ihm in Ihrer Abwesenheit spezielles, mit Futter gefülltes Spielzeug. Wenn Sie nach Hause kommen, sollten Sie Ihren Hund erst dann wieder beachten, wenn er sich beruhigt hat. Vermeiden Sie ständigen körperlichen Kontakt, um ihn zur Unabhängigkeit zu ermutigen. Bringen Sie Ihrem Hund bei, auf der Stelle sitzen zu bleiben, und loben Sie sein ruhiges Verhalten, während Sie den Abstand zwischen Ihnen vergrößern. Verlängern Sie auch allmählich die Zeitspanne, die er allein zu Hause verbringt.

• Zusätzlich können Sie Ihren Hund mit der Bachblüten-Mischung Rescue-Notfalltropfen behandeln. Geben Sie die Tropfen in den Wassernapf, so dass der Hund sie täglich erhält.

THERAPIE

• Trennungsangst wird am besten durch eine Kombination von Verhaltenstraining und Medikamenten behandelt. Es gibt Beruhigungsmittel, die Ihrem Hund die Ängste nehmen und es ihm erleichtern, neues positives Verhalten zu erlernen. Fast 75 % der betroffenen Hunde zeigen bei dieser Behandlung in weniger als 30 Tagen eine Besserung. Der erforderliche Behandlungszeitraum variiert mit jedem individuellen Fall.

• Bei manchen Hunden kann auch eine Akupunkturbehandlung zeitweilig eine Besserung bringen.

5

Ein spezielles Verhaltenstraining ermöglicht eine ausgewogene Beziehung zwischen Ihnen und Ihrem Hund und fördert seine Unabhängigkeit.

AGGRESSIVITÄT

D as Ziel der Welpenerziehung ist ein gut erzogenes Haustier. Erziehung kann auch den Unterschied zwischen Leben und Tod bedeuten. Schlechtes Benehmen ist der Hauptgrund, aus dem viele Besitzer ihre Hunde einschläfern lassen. Eine Statistik besagt, dass jährlich etwa eine Million Menschen wegen Hundebissen ärztlich behandelt werden müssen. Aggressivität kann nicht ignoriert werden. Je länger sie andauert, desto schwerer ist sie zu beheben.

Achtung

Auch ein gutmütiger Hund kann aggressiv werden, vor allem wenn er Schmerzen hat. Behandeln Sie einen erkrankten Hund daher immer mit großer Vorsicht.

URSACHEN

• Die Neigung zur Aggressivität ist erblich und je nach Rasse unterschiedlich hoch. Traditionell werden Deutsche Schäferhunde, Rottweiler, Dobermänner, Pinscher und Pitbull Terrier als aggressiv angesehen, doch die meisten Angreifer stellen tatsächlich die Cocker Spaniels und Pudel.

• Aggressives Verhalten kann die Folge gesundheitlicher oder psychologischer Störungen sein. Als erstes sollten Sie mit Ihrem Tierarzt gesundheitliche Probleme wie Trennungsangst (S. 84) oder das Kognitive Dysfunktions-Syndrom (S. 83) ausschließen. Tierpsychologen sind am ehesten geeignet, um mit psychologisch bedingter Aggressivität umzugehen. Eine falsche Behandlung kann unter Umständen gefährlich werden.

THERAPIE

5

• Es ist ratsam, einen Tierarzt aufzusuchen, wenn Ihr Hund Sie plötzlich beißt. Es kann eine Erkrankung wie eine Arthritis oder Ohrinfektion zugrunde liegen, und die entsprechenden Schmerzen machen das Tier aggressiv. Es können auch in seltenen Fällen die Erbanlagen sein, die einen Hund plötzlich aggressiv machen. Da solche Hunde eine Gefahr darstellen können, ist es sehr wichtig, die Ursachen so schnell wie möglich festzustellen.

SELBSTMASSNAHMEN

• Verantwortungsbewusstes Handeln ist sehr wichtig, kaufen Sie das Tier nicht aus einem Impuls heraus. Belügen Sie sich nicht selbst über die Zeit und Arbeit, die Sie in einen Hund investieren möchten und können. Bedenken Sie, dass ein Hund 15 bis 20 Jahre an Ihrer Seite leben kann.

<table>
<tr><td>

Achtung

In vielen Ländern dieser Erde können Hunde durch Tollwut-Viren infiziert werden und erkranken. Die Tollwut kann alle warmblütigen Lebewesen, einschließlich Mensch und Hund, befallen. Das Virus befindet sich im Speichel und wird durch eine Bisswunde übertragen. Menschen können durch den Biss eines erkrankten Tieres infiziert werden. Das Virus greift das Nervensystem an, führt zu Lähmung und Tod.

</td></tr>
</table>

• Wenn Sie Kinder haben, sollten Sie die Hunderasse sorgfältig aussuchen und ihr jeweiliges Temperament beachten. Versuchen Sie in jedem Fall, den Charakter des Hundes mit Ihrem und dem Ihrer Familie sowie Ihren Lebensgewohnheiten zu vergleichen. Wählen Sie niemals den aggressivsten oder ängstlichsten Welpen eines Wurfes. Beobachten Sie den gesamten Wurf, und schließen Sie den Welpen in Ihr Herz, der auf Sie reagiert. Sobald Sie Ihre Auswahl getroffen haben, ist es Zeit, mit der Sozialisation und der Erziehung zu beginnen (S. 78).

• Bringen Sie Ihrem Hund so früh wie möglich bei, auf Ihre Befehle zu hören. Oft entspringt Aggressivität dort, wo Besitzer versuchen, Ihre Hunde zu bestrafen, da sie eben dieses nicht gelernt haben.

• Es kann vorkommen, dass Ihr Hund in einem rauen und wilden Spiel nach Ihnen schnappt. Verwechseln Sie dieses Verhalten nicht mit Aggressivität, sondern beenden Sie das Spiel, damit er sich wieder beruhigen kann.

• Hunde können, wie auch wir, sehr wetterfühlig sein. Studien haben gezeigt, dass Hunde bei feuchtem und trübem Wetter eher geneigt sind zu beißen. Achten Sie darauf, dass Ihr Hund in solchen Zeiten nicht unter Stress gerät.

5

STEHLEN

H unde können bei zu wenig oder mangelhafter Erziehung schlechte Gewohnheiten entwickeln. Verhalten, das bei einem Welpen noch durchgehen konnte, ist bei einem ausgewachsenen Hund nicht mehr akzeptabel. Stehlen etwa kann ein solches Verhalten sein, das bei einem Welpen noch als lustiges Spiel galt. Doch Hunde können ernsthaft erkranken, wenn Sie z. B. Schokolade stehlen. Schokolade enthält chemische Substanzen, die in großen Mengen für das zentrale Nervensystem giftig sind. Die tödliche Dosis hängt von der Größe des Hundes und der Art der Schokolade ab – bittere, dunkle Schokolade etwa ist für den Hund giftiger als Vollmilchschokolade.

Schokolade ist für Hunde schädlich.

URSACHEN

• Hunde stehlen aus mannigfaltigen Gründen, doch meist, weil es ihnen Spaß macht. Wenn Ihr Hund Essen von der Küchenplatte stiehlt und Sie ihn durch das ganze Haus jagen, hält er dies für einen großen Spaß.

• Nur in seltenen Fällen stehlen Hunde etwas Essbares, weil sie hungrig sind. Doch kann dies gelegentlich bei einem Hund der Fall sein, der bis dahin gute Manieren hatte und plötzlich mit dem Stehlen beginnt. Wenn ein solcher Hund dünn ist, braucht er entweder mehr Mahlzeiten, qualitativ hochwertigeres Futter oder er hat Würmer. Bringen Sie ihn zu einem Tierarzt, um sicherzustellen, dass keine anderen Erkrankungen die Ursache sind und lassen Sie seinen Kot auf Würmer untersuchen.

SELBSTMASSNAHMEN

• Steht einmal fest, dass Ihr Hund nur aus schlechter Gewohnheit stiehlt, ist es an der Zeit, ihm dieses durch ein Verhaltensänderungsprogramm abzugewöhnen. Sorgen Sie für eine Situation, die er nicht als Spaß missverstehen kann. Bedienen Sie sich dazu der negativen Bestätigung, die ihm Unbehagen bereitet. In den meisten Fällen wird der Hund der Versuchung nach einiger Zeit endgültig widerstehen können.

• Für die negative Bestätigung können Sie alles verwenden, was dem Hund Unbehagen bereitet. Blasen Sie beispielsweise durch eine Trompete oder benutzen Sie eine Schütteldose (S. 81). Sie können auch mit einem wassergefüllten Luftballon werfen oder eine scharfe Pfeffersauce bzw. eine Mischung aus Alkohol, Zitronensaft und Weinessig zu gleichen Teilen auf das vermeintliche Diebesgut streichen. Es schadet dem Hund nicht, schmeckt nur fürchterlich. Zum Beispiel: Stellen Sie ein Stück frisch gekochtes Fleisch auf die Küchenplatte und bestreichen Sie es mit Pfeffersauce.

5

• Gewöhnen Sie sich niemals an, Ihren Hund vom Tisch zu füttern. Bevor Sie sich an den Tisch setzen, um zu essen, sollte der Hund den Raum verlassen.

• Hunde, vor allem Welpen, sind neugierig und abenteuerlustig. Lassen Sie nichts herumliegen und stellen Sie z. B. Ihre Tasche außerhalb der Reichweite ab. Verführerische Knabbereien sollten ebenfalls nicht überall zu finden sein.

Eine unbewachte und erreichbare Einkaufstasche ist für Ihren Hund eine allzu große Versuchung.

KOPROPHAGIE

Eine besonders unangenehme Angewohnheit bei einigen Hunden ist die Koprophagie, das Fressen des eigenen Kots. Es kann durch Magen-Darm-Parasiten (S. 38) oder den Mangel an bestimmten Vitaminen und Mineralien verursacht sein. Ausgewachsene Hunde mit einer Bauchspeicheldrüsen-insuffizienz fressen ihren Kot, weil sie nicht richtig verdauen können und die Nährstoffe, die sie benötigen, nicht aufnehmen können; sie sind sehr hungrig und verlieren schnell an Gewicht. Anhand von Blutuntersuchungen kann die Ursache festgestellt werden. Der Deutsche Schäferhund ist besonders anfällig. Lassen Sie Ihren Hund unbedingt von einem Tierarzt untersuchen und führen Sie ihn nur an der Leine aus, so dass Sie ihn jederzeit wegziehen können. Es gibt spezielle Präparate, die Sie unter das Futter mischen können, um Ihrem Hund diese schlechte Gewohnheit zu nehmen.

5

BELLEN

Einer der Charakterzüge, der unsere domestizierten Hunde von ihren Vorfahren, den Wölfen, unterscheidet, ist ihre Bereitschaft, sich selbst durch Gebell bemerkbar zu machen. Unter bestimmten Umständen kann dies nützlich sein, etwa als Warnung, wenn ein Einbrecher im Haus ist, aber ein ständig bellender Hund wird in der Nachbarschaft als schwere Ruhestörung angesehen.

URSACHEN

• Manche Hunde bellen, um ihr Revier zu verteidigen, zur Begrüßung, als Aufforderung zum Spiel oder, weil sie einfach glücklich sind. Manche Hunde bellen als Drohgebärde, weil sie alleine sind, nicht genug Bewegung haben, durch Gewitter oder Feuerwerk verschreckt sind.

• Manche Rassen bellen mehr als andere. Beagles etwa bellen viel, während Windhunde kaum ein Geräusch von sich geben. Die kleineren Rassen, vor allem die Terrier, beweisen häufig, dass sie die lautesten sind.

SELBSTMASSNAHMEN

• Der erste Schritt mit dem Gebell Ihres Hundes umzugehen, ist der Versuch zu verstehen, was sein verstärktes Bellen verursacht. Notieren Sie sich, wann oder wo das Problem am stärksten auftritt.

• Da Gebell zum normalen Verhalten eines Hundes gehört, können Sie nur versuchen, es zu reduzieren, es aber nicht ganz eliminieren. Versuchen Sie, Ihrem Hund beizubringen, auf Befehl zu bellen und auf Befehl, ruhig zu sein. Verbringen Sie viel Zeit damit, dies zu üben.

5

• Die Erziehung zu Gehorsamkeit durch positive und negative Bestätigung (S. 78) bereichert jedes Hundeleben. Das Blasen einer Trompete, das Schütteln einer Dose, das Werfen eines wassergefüllten Luftballons oder das Rappeln mit einem großen Schlüsselbund genügen vollkommen, um seine Aufmerksamkeit vom Bellen abzulenken. Loben Sie ihn, wenn er ruhig ist. Bleiben Sie konsequent und üben Sie Ihre Befehle täglich.

ERSTE HILFE

Um die Gesundheit Ihres Hundes und Ihrer Familie in Notfällen zu bewahren, sind einige Präventivmaßnahmen sowie ein großes Maß an Allgemeinwissen notwendig. Es ist immer sinnvoll, über eine Erste-Hilfe-Ausrüstung zu verfügen und sich das Grundwissen über einige Erste-Hilfe-Techniken anzueignen. Bewahren Sie eine Liste mit Notfallnummern, die auch die Ihres Tierarztes und eines 24-Stunden-Notfalldienstes beinhaltet, immer griffbereit auf. Fragen Sie Ihren Tierarzt, bevor Sie Ihrem Hund Medizin verabreichen, und geben Sie ihm niemals Medikamente, die für Menschen gedacht sind. Wenn Ihr Hund an einer chronischen Erkrankung leidet, sollten Sie alle Medikamente, die er benötigt, schriftlich festhalten.

GEFAHREN IM HAUSHALT

Hunde können immer in gefährliche Situationen geraten, sich schwer verletzen und eine sofortige Behandlung benötigen. Zu den Gefahren im Haushalt zählen beispielsweise Reinigungsmittel sowie Stromkabel. Auch der Garten kann Pflanzen beherbergen, die ein Risiko für sie darstellen. Doch gibt es sehr viel mehr Hunde, die sich durch Haushaltsmittel und Medikamente vergiften.

MÖGLICHE GEFAHREN

• Eine Haustiervergiftung durch Medikamente ist sehr häufig. 75 % aller Vergiftungen gehen darauf zurück und 20 % enden tödlich. Aspirin und andere für Menschen geeignete entzündungshemmende und schmerzlindernde Medikamente können für Hunde giftig sein. Die Symptome einer ernsthaften Vergiftung sind Erbrechen, verstärkter Speichelfluss und Schwäche.

• Auch viele Haushaltschemikalien können für Hunde gefährlich sein. Die meisten Reinigungsmittel verursachen, wenn sie gefressen oder getrunken werden, eine Magenverstimmung mit Erbrechen. Spülmaschinenpulver kann zu Verätzungen und Verbrennungen in der Maulhöhle führen.

• Hunde erbrechen häufiger, nachdem sie auf Pflanzen herumgekaut haben, doch nur schweres und anhaltendes Erbrechen ist ein gefährliches Symptom. Zu den giftigen Pflanzen, vor allem für Welpen, zählt der Taxus (Japanische Eibe), der ein tödlich wirkendes Herzgift enthält und zu einem plötzlichen Tod durch Herzversagen führen kann, der Rhododendron sowie alle Nachtschattengewächse.

6

- Schweres Erbrechen, Sabbern und Schwäche sind Anzeichen einer Vergiftung.
- Plötzliche Atemnot kann auf einen Knochen in der Kehle hinweisen oder – falls Ihr Hund alleine draußen war – auf einen Verkehrsunfall. Kurzatmigkeit kann auch bei einigen Vergiftungen auftreten.
- Hebt der Hund die Pfote an das Maul, kann dies bedeuten, dass er etwas Heißes gefressen hat oder von einem Insekt gestochen wurde.

SELBSTMASSNAHMEN

• Seien Sie vorsichtig, wenn Sie Haushaltschemikalien verwenden. Halten Sie Hunde fern von frisch gestrichenen Wänden oder Möbeln. Im Garten sollten Sie Ihren Hund von einem Rasen fernhalten, der mit Insektiziden behandelt wurde.

• Halten Sie Ihre Wohnung so sicher wie möglich, indem Sie alle Medikamente für Ihre Familie und für die Haustiere außerhalb ihrer Reichweite verschlossen aufbewahren.

Lassen Sie Ihren Hund nicht aus den Augen. Ein herumstreunender Hund kann sich leicht in Gefahr bringen, vor allem dort, wo sich Wasser befindet.

Achtung

Zahlreiche Insektizide, die Fliegen und Zecken töten, enthalten Substanzen, die auch für das Nervensystem eines Hundes giftig sind. Anzeichen einer Vergiftung sind Sabbern, tränende Augen, unwillkürliche Darm- und Blasenentleerung. Verwenden Sie nur Insektizide, deren Anweisungen und Etikett Sie sorgfältig geprüft haben. Ferner enthalten viele Insektenköder (zum Töten von Ameisen, Kakerlaken, Mäusen und Ratten) Erdnussbutter und Zucker. Sie riechen süß und schmecken gut, können aber innere Blutungen verursachen, die tödlich sein können. Wenn Sie solche Köder verwenden, sollten Sie sicherstellen, dass sie für Ihren Hund nicht erreichbar sind.

6

ERSTICKEN

Knochen- oder Lederstücke, die in der Kehle stecken bleiben, können häufig zum Ersticken führen. Bei Collies oder anderen langnasigen Rassen bleiben runde Knochenstücke oft hinter den Eckzähnen hängen und gelangen von dort in die Kehle. Auch ein Bienenstich (S. 110) kann bei allergischen Tieren gelegentlich zum Ersticken führen, wenn die Halsmuskeln die Kehle zusammendrücken.

SELBSTMASSNAHMEN

• Öffnen Sie das Maul Ihres Hundes. Wenn Sie den Fremdkörper sehen können, ziehen Sie ihn vorsichtig mit den Fingern heraus. Achtung: Sie können dabei gebissen werden.

• Können Sie den Fremdkörper mit der Hand nicht bewegen, versuchen Sie es mit dem Heimlich-Manöver: Wenn Ihr Hund klein genug sind, können Sie ihn in den Arm nehmen, mit den Händen unter die Rippen fassen und einmal kräftig zudrücken. Ist der Hund zum Hochhalten zu groß oder aber bewusstlos, legen Sie ihn auf die Seite, platzieren Sie Ihre Hände hinter dem untersten Rippenbogen und drücken Sie 1- oder 2-mal kräftig zu.

• Als letzte Möglichkeit bleiben nur Wiederbelebungsmaßnahmen. Sie sind angezeigt, wenn Ihr Hund nicht mehr atmet und keinen Puls mehr hat. Legen Sie ihn auf die rechte Seite und beachten Sie die folgenden drei Punkte. Luftwege: Erweitern Sie die Atemwege Ihres Hundes, indem Sie seinen Kopf und Nacken nach hinten beugen, seine Zunge auf die Seite drücken, Schleim aus den Nasenlöchern entfernen und mit der Hand kurz hinten auf die Kehle drücken. Atmung: Halten Sie das Maul des Hundes geschlossen, legen Sie Ihren Mund über seine Nasenlöcher und pusten Sie 4-mal. Kreislauf: Legen Sie Ihre Hände so aufeinander, dass der Handballen der unteren Hand dort aufliegt, wo die Ellenbogen der Vorderbeine auf den Brustkorb treffen. Drücken Sie kräftig zu, und zwar 5-mal. Anschließend beatmen Sie den Hund wiederum 4-mal. Wiederholen. Führen Sie die Wiederbelebungsmaßnahmen fort, bis Sie wieder einen kräftigen Puls spüren können oder den Tierarzt erreichen.

SYMPTOME

• Würgen und Husten
• Der Hund greift mit der Pfote an sein Maul, um die Störung zu beheben.
• Der Hund kann bewusstlos werden.

6

KRÄMPFE

Plötzliche unkontrollierte Zuckungen, die sich über eine bis drei Minuten hinziehen, werden als Krämpfe bezeichnet. Zu den Symptomen zählen Sabbern, Schaum vor dem Mund, Zuckungen, Schütteln oder Versteifen von Beinen bzw. dem gesamten Körper. Es kann auch zu unkontrollierten Blasen- und Darmentleerungen kommen.

URSACHEN

- Epilepsie
- Niedriger Blutzuckerspiegel
- Vergiftungen (Frostschutzmittel, Schokolade)
- Nierenerkrankung
- Lebererkrankung
- Erbliche Veranlagung

SELBSTMASSNAHMEN

- Ein Hund kann nach einem Anfall benommen sein und seine Umgebung erst mal nicht mehr wahrnehmen. Es kann ihm aber auch gut gehen. Bewegen Sie einen Hund niemals, während er einen Anfall hat, und lassen Sie ihn nicht allein, bis er vorüber ist. Anschließend sollten Sie das Tier in einen ruhigen und dunklen Raum bringen.

- Verreiben Sie 1–2 TL Honig auf seinem Zahnfleisch. Dadurch erhöht sich der Blutzuckerspiegel sofort.

- Auch wenn die Durchschnittsdauer eines Krampfes nur 90 Sekunden beträgt und Ihr Hund danach wieder bestens gelaunt ist, sollten Sie immer Ihren Tierarzt verständigen.

THERAPIE

- Anhand einer körperlichen Untersuchung, Blut- und Urintests wird Ihr Tierarzt versuchen, die Ursache der Krämpfe herauszufinden. Anschließend kann er Ihnen eine entsprechende Behandlung empfehlen (S. 76).

ALTERNATIVE THERAPIEN

⬚ HOMÖOPATHIE

Es gibt eine Reihe von homöopathischen Arzneien, die hilfreich sein können. *Aconitum napellus* C30 ist vor allem dann angezeigt, wenn der Hund aufgrund eines Schocks kollabiert ist: 2 Globuli unter die Zunge. Rescue-Notfalltropfen sind gut für verängstigte Hunde: alle 15 Minuten 2 Tropfen auf dem Weg zum Tierarzt.

6

VERBRENNUNGEN

O ffenes Feuer im Haus oder draußen kann Ihren Hund verletzen. Das Fell eines Hundes ist leicht entflammbar. Hunde haben nicht gelernt, wie sie sich bei einem Feuer verhalten sollen. Vermeiden Sie also mit großer Sorgfalt alle Situationen, in denen sie sich verbrennen oder verbrühen könnten.

GEFAHRENZONEN

• Unfälle in der Küche, vor allem mit jungen Welpen, sind nicht ungewöhnlich. Verbrühungen mit heißen Flüssigkeiten oder Öl sowie das zufällige Berühren der heißen Herdplatte können ernsthafte Verbrennungen verursachen.

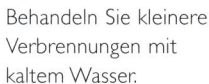

• Wärmekissen, die zur Erwärmung eines neuen Wurfes genutzt werden, können zu Verstrahlungen führen, die einem Sonnenbrand ähneln.

Behandeln Sie kleinere Verbrennungen mit kaltem Wasser.

• Neugierige Welpen, die auf Stromkabeln herumknabbern, können mit Verbrennungen sowohl der Haut als auch der tiefergelegenen Gewebe enden.

• Das Einatmen von Rauch kann entweder sofort oder innerhalb der nächsten 24 Stunden Lungenschäden oder Atembeschwerden verursachen.

• Hunde mit schweren und ausgedehnten Verbrennungen können in einen Schockzustand geraten (S. 109), da sie über die verbrannte Hautoberfläche viel Flüssigkeit verlieren und der Blutkreislauf gestört ist.

THERAPIE UND SELBSTMASSNAHMEN

• Bei kleineren Verbrennungen genügen Bäder mit kaltem Wasser und locker aufliegende Mullbandagen.

Achtung

Bei jeder größeren Verbrennung sollten Sie Ihren Tierarzt so schnell wie möglich aufsuchen. Vielen Hunden geht es anfangs noch gut, dann aber kann nach 24 Stunden eine Verschlechterung eintreten.

• Schwerere Verbrennungen müssen so schnell wie möglich von Ihrem Tierarzt behandelt werden. Die Prognose bei Verbrennungen hängt ab von der Ausdehnung der verbrannten Haut, von Tiefe und Ort der Verbrennung sowie von Alter und Gesundheitszustand des Hundes. Die Behandlung ist darauf ausgerichtet, den Schockzustand zu therapieren, Flüssigkeit zuzuführen, die Atmung zu erhalten, die Haut zu kühlen und Schmerzen zu lindern. Antibiotika vermindern die Infektionsgefahr, und eine spezielle Ernährung sorgt für Proteine und gleicht den Flüssigkeitsverlust aus. Sind mehr als 50 % der Hautoberfläche verbrannt, ist die Prognose eher schlecht.

6

GEFAHREN IM URLAUB

Hunde empfinden Urlaubsstress genauso wie der Mensch. Fremde, nicht vertraute Umgebungen und hektische Aktivitäten können Ihrem Hund auf die Nerven gehen. Versuchen Sie daher, die vertraute Routine weitestgehend zu erhalten. Stellen Sie sicher, dass Ihr Hund – wo immer Sie auch sind – an der Leine ist, Halsband und Steuermarke trägt.

SELBSTMASSNAHMEN

• Das häufigste Ferienproblem bei Hunden ist eine Magenverstimmung. Tischreste können Erbrechen sowie Durchfall verursachen und zu einer lebensbedrohlichen Bauchspeicheldrüsenentzündung führen. Geben Sie Ihrem Hund keine Knochen. Sie können in der Kehle stecken bleiben oder seine Verdauungsorgane verletzen. Plastikverpackungen und Silberfolie halten Nahrungsmittel frisch, können aber den Darmtrakt Ihres Hundes schädigen. Werfen Sie alle Reste weg und entfernen Sie Verpackungsmaterial sorgfältig von allen Nahrungsmitteln. Mülleimer mit Haustier-sicheren Verschlüssen sind ein guter Schutz für hungrige Hunde.

• Stellen Sie Kerzen so auf, dass Ihr Hund sie nicht erreichen kann. Befestigen Sie Stromkabel auf dem Fußboden, verwenden Sie nur sicherheitsgeprüfte Lichtquellen und ziehen Sie den Stecker, wenn Sie ausgehen. Fehlerhafte Kabel können Schockzustände und Verbrennungen verursachen.

• Nicht alle Hunde können schwimmen, daher sollten Sie, wenn Sie ans Meer fahren, besonders gut auf Ihr Haustier achten. In folgenden Situationen sollte Ihr Hund eine Schwimmweste tragen: bei Bootsfahrten, auf einem Steg (an der Leine), am Strand, da er durch eine große Welle ins Meer gespült werden kann. Denken Sie daran, immer etwas mitzunehmen, mit dem Sie den Kot Ihres Hundes einsammeln können.

6

SCHNITTE UND BLUTUNGEN

Schnitte und Fleischwunden zählen zu den häufigsten Verletzungen bei einem Hund. Verbandsmaterial, Desinfektionsmittel und blutstillendes Puder (für Krallen, die zu kurz abgeschnitten wurden) sind bei den meisten kleineren Wunden völlig ausreichend. Größere Verletzungen sollten vom Tierarzt behandelt werden.

SCHNITTWUNDEN

• Schnittwunden an den Fußballen sind relativ häufig. Meist werden sie verursacht, wenn der Hund auf eine Glasscherbe oder ein scharfes Metallstück tritt, das ihm den Fußballen durchschneidet. Auch wenn die Fußballen sehr viel härter sind als die normale Haut, werden sie intensiv durchblutet. Die Folge ist, dass eine Schnittwunde hier auch stark blutet.

• Auch Verletzungen auf der Zunge führen zu starken Blutungen. Besonders gefährdet sind die Hunde, die gerne Reste von der Straße fressen. Sie müssen unverzüglich tierärztlich behandelt werden, um die Blutung zu stoppen.

• Schnitt- und Fleischwunden im Maul bluten aufgrund der hohen Blutversorgung stark, doch aus demselben Grund heilen sie auch schnell. Waschen Sie Verletzungen im Mund mit einer kalten Salzlösung (1 TL Salz auf 250 ml Wasser) aus. Verwenden Sie eine Spritze mit großem Kolben und halten Sie den Kopf des Hundes über einen Eimer. Spülen Sie die Maulhöhle mehrere Male mit der Salzlösung aus. Am ersten und zweiten Tag nach der Verletzung bekommt der Hund nur Brühe oder Brei. Am dritten Tag sind die meisten Verletzungen wieder verheilt.

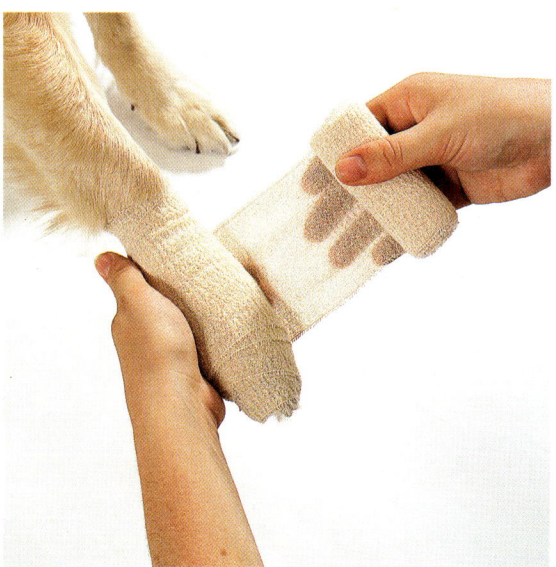

Achtung

Verwenden Sie nur elastisches Verbandsmaterial und legen Sie es nicht zu fest an, damit der Blutkreislauf nicht gestört wird.

Schnitte in den Fußballen können mit Jodtinktur gereinigt und dann verbunden werden.

6

THERAPIE UND SELBSTMASSNAHMEN

• Bei blutenden Hunden ist das Prinzip dasselbe wie beim Menschen. Üben Sie direkten Druck auf die Wunde aus, um die Blutung zu stoppen. Das Beste ist ein sauberer Verband, aber alles andere – einschließlich Ihrer Hand – kann im Notfall ebenfalls hilfreich sein. Lockern Sie den Druck nach einigen Minuten.

• Ist die Blutung gestoppt, legen Sie die Wunde frei. Entfernen Sie mit einer Schere die Haare um die Wunde und waschen Sie diese mit einer jodhaltigen Seife aus. Wiederholen Sie die Waschung mit einer desinfizierenden Lösung. Wenn das Fell um die Wunde sehr dicht ist, sollten Sie die Haare vor dem Schneiden mit einem wasserlöslichen Gel bestreichen. Sie bleiben so am Gel haften und nicht an der Wunde und können einfacher ausgewaschen werden. Verbinden Sie die Wunde; am nächsten Tag nehmen Sie den Verband ab und untersuchen die Wunde erneut.

• Wenn die Blutung nicht gestillt werden kann, sollten Sie auf dem Weg zum Tierarzt ständig Druck auf die Wunde ausüben. Bei einer verletzten Pfote sollten Sie Ihrem Hund nach der tierärztlichen Behandlung einen sauberen Strumpf überziehen, damit der Verband sauber bleibt.

• Wenn Sie fürchten, dass Ihr Hund Sie aufgrund seiner Verletzung beißen wird, sollten Sie sich schützen, indem Sie ihm einen Maulkorb anlegen. Mit einem Band, einem Gürtel oder einer Strumpfhose können Sie ganz einfach einen Maulkorb herstellen.

• Homöopathische Arzneien: *Calendula* X6: 2-mal täglich je eine Tablette, bis die Wunde verheilt ist. *Arnica* vermindert Hämatome, während *Hepar sulfuris* C30 Schmerzen lindert und die Infektionsgefahr im frühen Stadium verringert: 3-mal je ein Kügelchen alle 4 Stunden.

6

HUNDEBISSE

Über eine Million Menschen werden jährlich von Hunden gebissen. Doch sicherlich gibt diese Zahl nur die Hälfte der tatsächlichen Unfälle wider. Man geht davon aus, dass die Hälfte aller Kinder unter zwölf Jahren bereits von einem Hund gebissen wurde. Jede Hunderasse hat das Potenzial zum Beißen. Sicherlich sind einige Rassen aggressiver als andere, sie wurden speziell wegen ihrer Aggressivität gezüchtet. Solche Hunde werden meist als Wach-, Schutz- oder Schäferhunde eingesetzt.

URSACHEN

• Es gibt zahlreiche Ursachen, die zu einem Hundebiss führen können. Plötzliche Bewegungen, etwa ein Kind, das mit seinem Fahrrad hinter einem Hund herfährt, können die Jagdinstinkte des Hundes wecken und ihn veranlassen zu beißen.

• Eine sehr enge Beziehung zwischen dem Hund und seinem Besitzer kann einen übertriebenen Schutzinstinkt wecken. Hunde sind über Kinder hergefallen, die im Spiel deren Besitzer angegriffen haben. Die Hunde verstanden dies als Bedrohung.

• Andere Hunde haben einen ausgeprägten Reviersinn für Haus- und Garten. Auf einem Spaziergang noch freundlich, kann ein Hund zu Hause auf dieselben Menschen aggressiv reagieren, die er zuvor noch tolerierte. Manche Hunde haben nur eine sehr niedrige Toleranzschwelle und werden schnell aggressiv.

• Einige Experten sehen das Problem darin, dass Hunde kleine Kinder anders ansehen als Erwachsene. Um Ärger zu vermeiden, sollten Hunde lernen, dass sie sich auf der untersten Stufe im sozialen Gepräge einer Familie befinden. Kinder sollten sich an der Hundeerziehung beteiligen und ihre Autorität über den Hund mit Disziplin stärken.

Mit einem Maulkorb können Sie sicherstellen, dass Ihr Hund nicht beißt, wenn Sie mit ihm ausgehen.

6

THERAPIE UND SELBSTMASSNAHMEN

• Wenn Sie von Ihrem oder von einem anderen Hund gebissen werden, sollten Sie einen Arzt aufsuchen. Auch eine oberflächliche Wunde muss gründlich gereinigt werden. Halten Sie sie für 10–15 Minuten unter fließendes Wasser und waschen Sie sie mit einer milden Seife aus. Gehen Sie unbedingt zu einem Arzt, wenn die Bisswunde tief, gerötet oder geschwollen und sehr schmerzhaft ist.

• Um einen Hundebiss zu vermeiden, sollten Sie darauf achten, dass Ihr Hund lernt zu gehorchen. Er sollte darauf bedacht sein, Ihnen zu gefallen und immer korrekt auf Ihre Befehle reagieren. Bestrafen Sie ihn niemals körperlich.

• In vielen Fällen können die Kastration oder Sterilisation sowie eine Hormontherapie aggressives Verhalten unterbinden. In anderen Fällen reicht es aus, Hunde aus Situationen fernzuhalten, die sie aggressiv machen. Lassen Sie sich von Ihrem Tierarzt beraten, wenn Sie über das Verhalten Ihres Hundes besorgt sind.

ALTERNATIVE THERAPIEN

HOMÖOPATHIE

Durch die frühzeitige Anwendung von *Hepar sulfuris* C30 können nicht nur Schmerzen gelindert, auch eine Wundinfektion kann vermieden werden. Eine andere Arznei ist *Arnica montana* C30, 4-mal täglich gegeben.

6

VERKEHRSUNFALL

Verkehrsunfälle sind die häufigste Ursache, wenn Hunde zu einem Notfall werden. Einige Hunde haben Glück und erleiden nur kleinere Schnittwunden, Hämatome oder Fleischwunden. Die meisten Hunde aber enden mit gebrochenen Knochen oder inneren Verletzungen. Gleichgültig wie der Hund, nachdem er von einem Auto angefahren wurde, äußerlich erscheint: Er muss so früh wie möglich von einem Tierarzt gründlich untersucht werden.

SELBSTMASSNAHMEN

• Die meisten Hunde laufen frei herum, wenn sie von einem Auto angefahren werden. Indem Sie Ihren Hund an der Leine halten, können Sie sich und ihm viel unnötigen Ärger ersparen. Ein verschließbares Gatter vor der Haus- oder Garageneinfahrt kann Unfälle vermeiden.

• Seien Sie sehr vorsichtig, wenn Sie einem verletzten Hund helfen. Er ist traumatisiert, verängstigt und hat Schmerzen. Da er in der Regel nicht weiß, was seine Schmerzen verursacht, riskieren Sie, gebissen zu werden.

• Nehmen Sie sich eine Minute Zeit, sich selbst zu schützen, indem Sie dem Hund einen Maulkorb anlegen. Ein Band, Ihr Gürtel, Ihre Krawatte oder eine Strumpfhose – sie alle können als Maulkorb dienen. Wickeln Sie das Material um die Nase des Hundes, ziehen Sie es hinter den Kopf und verknoten Sie es hinter den Ohren.

• Verletzte Hunde müssen schnell, aber ruhig zum Tierarzt transportiert werden. Es ist wichtig, den Hund so wenig wie möglich zu bewegen. Einen sehr kleinen Hund können Sie mit den Händen heben, doch für einen großen Hund werden Sie eine Trage benötigen. Dazu können Sie ein Brett oder eine große Decke verwenden. Bedecken Sie den Hund, rollen Sie ihn in die Decke ein und ziehen Sie ihn zu Ihrem Auto. Steigen Sie zu zweit – der Hund in der Mitte – ins Auto. Die erste Person sollte rückwärts einsteigen und die zweite Person folgt. Rufen Sie vorher den Arzt an und sagen Sie ihm, dass Sie unterwegs sind.

Ein verletzter Hund muss warm gehalten werden. Eine Autodecke oder ein Mantel können in solchen Fällen hilfreich sein.

• Wenn Ihr Hund sich nicht bewegt, sollten Sie prüfen, ob er noch lebt. Berühren Sie die Mitte seines Auges: Lebt er noch, wird er blinzeln.

• Ein bewusstloser Hund muss ebenso behandelt werden wie ein Mensch mit einer möglichen Wirbelsäulenverletzung. Ziehen Sie den Hund auf ein Brett, so dass Beine, Wirbelsäule und Hals gefestigt sind. Stellen Sie sicher, dass seine Atemwege frei sind. Sie können Kopf und Nacken leicht zurückbeugen, seine Zunge zur Seite neigen und mit einem Tuch mögliche Sekrete aus seiner Maulhöhle entfernen.

• Wenn der Hund blutet, sind die Erste-Hilfe-Maßnahmen wiederum dieselben wie beim Menschen. Nehmen Sie ein Stück Mull, ein sauberes Tuch oder einfach Ihre Hand und drücken Sie auf die Wunde, um die Blutung zu stillen oder zumindest den Blutverlust zu verringern. Legen Sie 3-mal alle 15 Minuten je 2 Globuli *Arnica montana* C20 auf seine Zunge, um auf dem Weg zum Tierarzt Schmerzen zu lindern und Schwellungen zu vermeiden.

• Offensichtlich gebrochene Beine können mit einer Schiene stabilisiert werden. Dazu eignen sich Zeitungspapier, Handtücher oder auch ein Kissen (S. 104).

THERAPIE

• Der Tierarzt wird den Hund untersuchen und seine Lebenszeichen anhand von rektaler Körpertemperatur, Herzschlag, Atmung und Farbe des Zahnfleisches prüfen. Ist der Hund in einer kritischen Verfassung, wird der Tierarzt einen Katheter in eine Vene einführen, um ihm intravenös Medikamente zu verabreichen, die einen Schock vermeiden, sowie Flüssigkeit zuführen, um den Blutdruck zu stabilisieren. Anschließend wird der Hund geröntgt, um gebrochene Knochen oder andere innere Verletzungen festzustellen. Nun kann der Tierarzt Sie über die notwendige Behandlung informieren. Sie werden erfahren, wie seine Prognose ist, ob Ihr Hund wieder ganz gesund wird oder ob langfristig mit Komplikationen gerechnet werden muss.

6

KNOCHENBRÜCHE

Verkehrsunfälle sind für Hunde die Hauptursache von Knochenbrüchen. Aber auch Kämpfe zwischen großen und kleinen Hunden können zu gebrochenen Knochen führen. Andere Ursachen sind Stürze aus der Höhe – etwa von einem Tisch oder der Ladefläche eines Transporters – sowie verschiedene Knochenerkrankungen, einschließlich Krebs. Hat ein Hund ein Bein gebrochen, hält er es in einer anormalen Position. Auch eine anormale Beugung oder eine starke Schwellung deuten auf einen Bruch hin. Offene Wunden, aus denen ein Knochenstück herausragt, sind offensichtlicher. Verletzungen dieser Art sind außerdem sehr infektionsgefährdet. Ihr Hund wird Ihnen zeigen, dass er Schmerzen hat, indem er humpelt, nur wenig Gewicht auf das eine Bein legt oder es einfach nur hochhält und gar nicht belastet.

SELBSTMASSNAHMEN

• Wenn Sie vermuten, dass ein Bein Ihres Hundes gebrochen ist, sollten Sie es mit einer Schiene stabilisieren, um weitere Verletzungen zu verhindern, vor allem wenn der Weg zum Tierarzt weit ist. Um eine Schiene herzustellen, können Sie Zeitungspapier, Karton oder auch ein weiches Kissen verwenden. Wickeln Sie es um den Bruch sowie unterhalb und oberhalb davon und sichern Sie es mit Klebestreifen.

• Sie können das kranke Bein auch an dem gesunden Bein befestigen. Allerdings sollten Sie darauf achten, die Bandage nicht zu eng zu machen.

• Einen Hund mit einem Knochenbruch zu transportieren, bedarf äußerster Vorsicht, um Folgeverletzungen zu vermeiden. Auf dem Weg zum Tierarzt sollte er so unbeweglich, aber dennoch bequem wie möglich transportiert werden. Am besten Sie stützen den gesamten Körper. Legen Sie den Hund auf eine flache, feste Oberfläche, z. B. ein Brett.

Bei einem einfachen Bruch wird das gebrochene Bein eingegipst.

THERAPIE

• Eine Fraktur wird durch eine Röntgenuntersuchung diagnostiziert. Sie kann durch Gipsverband, Schienen, Platten oder Schrauben behandelt werden. Gipsverbände bestehen heute aus Fiberglas oder Plastik, doch ihre Anwendung ist beschränkt. Am besten eignet sich ein Gipsverband bei einfachen Brüchen in den Beinen.

• Ist ein Bruch zu kompliziert, um mit einem Gips repariert zu werden, finden Nägel, Schrauben oder Knochenplatten aus rostfreiem Stahl Anwendung. Sie werden in die gebrochenen Knochen getrieben, um die Knochenstücke zusammenzuhalten. Nach der Operation ist nur vorsichtige Bewegung erlaubt, damit die Nägel nicht verrutschen. Sie verbleiben, bis die Fraktur verheilt ist – in der Regel 4–8 Wochen – im Knochen und werden dann unter örtlicher Betäubung entfernt. Orthopädische Schrauben werden verwendet, um Knochenfragmente wieder zusammenzufügen oder um genagelte Knochen zu stabilisieren. Knochenplatten aus rostfreiem Stahl werden direkt auf den Knochen geschraubt. Sie werden beispielsweise bei Brüchen des Beckens oder komplizierten Brüchen an Vorder- und Hinterbeinen verwendet. Sie sind sehr teuer, beanspruchen aber nach der Operation nur noch wenig Vorsicht.

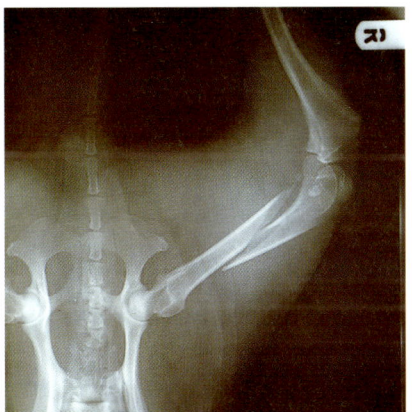

Fraktur des Oberschenkelknochens am Hinterbein (Mitte des Bildes)

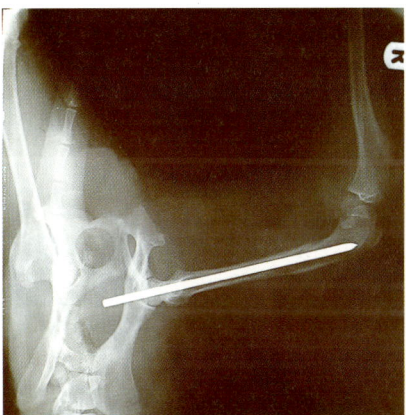

Eine Metallnadel (weiße Linie) hält die Enden des gebrochenen Knochens zusammen.

ALTERNATIVE THERAPIEN

⬚ HOMÖOPATHIE

Die sofortige Einnahme von *Arnica* C30 direkt nach der Verletzung lindert nicht nur Schmerzen, sondern verhindert auch eine starke Schwellung. Geben Sie alle 15 Minuten ein Kügelchen, bis Sie den Tierarzt erreichen.

Symphytum C30 unterstützt die Heilung des Knochens. Bei älteren Hunden, bei denen die Heilung meist problematischer ist, wird *Calcium fluoratum* C30 empfohlen. Fragen Sie Ihren Arzt nach der Dosierung für Ihren Hund.

6

GEFAHREN IM WINTER

D er Winter birgt für Hunde viele Gefahren. Einige Rassen, vor allem die kleinen mit kurzhaarigem Fell, sind nur wenig gegen Kälte geschützt. Um warm zu bleiben, verbrennen Hunde, die draußen leben, im Winter 50 % mehr Kalorien, so dass ihre Ernährung entsprechend angepasst werden muss. Alle Hunde sind durch eine möglicherweise tödliche Frostschutzmittelvergiftung gefährdet.

ERFRIERUNG

• Temperaturen unter −6 °C sind für die meisten Hunde zu kalt. Kaltes Wetter kann zu Erfrierungen und Unterkühlungen führen. Die Extremitäten sind am meisten gefährdet.

• Erfrorenes Gewebe ist gräulich-weiß verfärbt und bedarf einer allmählichen Wiedererwärmung. Reiben Sie an diesen Stellen nicht. Gönnen Sie Ihrem Hund ein lauwarmes Bad und bieten Sie ihm warme Flüssigkeit (z. B. Hühnerbrühe) an.

SYMPTOME

Erfrierung:
• Zittern
• Rosafarbene Hautstellen an den Extremitäten verlieren ihre Farbe oder werden rot und schwellen an.

ANDERE GEFAHREN

• Frostschutzmittel enthält Ethylenglykol und stellt im Winter eine große Gefahr dar. Es schmeckt süß, und weniger als 30 ml genügen, um einen 4,5-kg-Hund zu töten. Die Symptome sind Depressivität, Koordinationsverlust, Erbrechen und Krampfanfälle. Eine wirksame Behandlung muss innerhalb der ersten 2 Stunden stattfinden. Das beste Frostschutzmittel für Hundebesitzer enthält Monopropylenglykol. Es ist sicherer für Haustiere und Wild und ist sogar länger haltbar.

• Salz und Chemikalien zum Enteisen können die Pfoten Ihres Hundes reizen. Stellen Sie eine mit Wasser gefüllte Sprühflasche an Ihrer Haustür bereit, so dass Sie seine Pfoten säubern können, sobald er das Haus betritt.

Wickeln Sie einen unterkühlten Hund in eine Wärme isolierende Decke.

6

HITZSCHLAG

Ein Hitzschlag wird durch eine Kombination von hohen Temperaturen, Luftfeuchtigkeit, Austrocknung und wenig Luftaustausch verursacht. Entgegen der Warnung der Tierschutzvereine ist es eine traurige Tatsache, dass viele Hunde an einem Hitzschlag sterben, weil sie an einem heißen Sommertag allein im Auto gelassen wurden.

SELBSTMASSNAHMEN

• Lassen Sie Ihren Hund niemals in einem geparkten Auto, da die Temperatur in weniger als 30 Minuten 49 °C und mehr erreichen kann, wenn die Außentemperatur 30 °C beträgt. Hunde schwitzen nicht wie der Mensch. Daher sind sie sehr anfällig für einen Hitzschlag. Rassen mit eingedrückten Gesichtern (wie der Pekinese) tragen das höchste Risiko, vor allem die ganz Jungen und die Älteren.

SYMPTOME

• Ruhelosigkeit und sichtbares Unbehagen
• Verstärktes Keuchen
• Unsicherheit auf den Beinen
• Leuchtend rotes Zahnfleisch

• Um das Leben eines Hundes bei einem Hitzschlag zu retten, ist schnelle Hilfe notwendig. Erreicht die Körpertemperatur 41 °C kann es zu einer irreversiblen Gehirnschädigung kommen. Nierenversagen, Koma, Tod können die Folgen eines nicht behandelten Hitzschlages sein.

• Bringen Sie Ihren Hund ins Haus, um ihn abzukühlen. Gönnen Sie ihm ein kaltes Bad, bespritzen Sie ihn mit einem Gartenschlauch oder bieten Sie ihm kalte Flüssigkeit zu Trinken an. Messen Sie seine Körpertemperatur rektal (38–39 °C sind normal), und zwar alle 10 Minuten, und nehmen Sie ihn aus dem Wasser, sobald die Temperatur wieder normal ist. Rufen Sie Ihren Tierarzt, wenn Sie sich Sorgen machen. In ernsten Fällen wird er Flüssigkeit unter die Haut spritzen oder Medikamente verabreichen, die die Temperatur absenken. Geben Sie Ihrem Hund auf dem Weg zum Tierarzt Rescue-Notfalltropfen (3 Tropfen alle 15 Minuten).

ALTERNATIVE THERAPIEN

⊡ HOMÖOPATHIE
Glonoinum C30 kann bei einem Hitzschlag Linderung bringen (2 Globuli auf dem Weg zum Tierarzt).

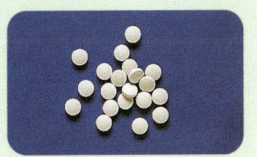

6

NOTFÄLLE

Sie sollten wissen, wie Ihr Tierarzt in Notfällen erreichbar ist, vor allem außerhalb der Sprechstunden. Wenn Sie in der Lage sind, einen wahren Notfall auch als solchen zu erkennen, können Sie im Ernstfall angemessener reagieren. Bewahren Sie die Telefonnummer Ihres Tierarztes sowie die eines 24-Stunden-Notfalldienstes immer griffbereit auf.

NOTFALLSITUATIONEN

• Die Vergiftung von Haustieren ist ein großes Problem. Drei der häufigsten Vergiftungen werden durch Frostschutzmittel, Pflanzenschutzmittel und Müll verursacht. Wann immer Sie eine Vergiftung vermuten, rufen Sie so schnell wie möglich Ihren Tierarzt an. Manche Vergiftungen machen sich erst 24–72 Stunden später bemerkbar. Bei einer Frost-schutzmittelvergiftung sind die ersten Stunden die wichtigsten.

SYMPTOME

Vergiftung:
• Erbrechen und Durchfall
• Schwellung und Brennen auf der Haut, wenn das Gift mit Haut und Fell in Berührung kam
• In schweren Fällen Zusammenbrüche und Kollaps

• Auch andere Erkrankungen bedürfen einer Not-fallversorgung: Verkehrsunfälle, Knochenbrüche, starke Blutungen, Augenverletzungen, Atemnot, Zusammenbrüche oder Krampfanfälle, Unfähigkeit zu urinieren, Würgen, Erbrechen und/oder Durchfall für mehr als 24 Stunden, Appetitlosigkeit für mehr als 2 Tage in Folge, schwere Depressivität, aufgeblähter Magen, Körper-temperatur unter 36 °C oder über 40 °C.

ERSTE-HILFE-AUSRÜSTUNG

Eine Erste-Hilfe-Ausrüstung kann bei kleineren Wunden sowie Vergiftungen hilfreich sein. Zusätzlich zur Standardausrüstung sollten folgende Dinge enthalten sein:

• Brechmittel, um Erbrechen herbeizuführen. Sprechen Sie vor der Anwendung unbedingt mit Ihrem Arzt, ob der Hund erbrechen soll oder nicht; ein Magen-beruhigungsmittel; Kohletabletten (bei Durchfall); Antihistamine gegen aller-gische Reaktionen; Kochsalzlösung, um Schmutzstoffe aus den Augen zu spülen; künstliche Tränenflüssigkeit.

• Nützlich sind ebenfalls ein Fieberthermometer zur rektalen Messung, eine Spritze ohne Nadel mit einem großen Kolben (eignet sich zur Gabe bestimmter Medikamente sowie zum Ausspülen von Wunden), Verbandsschere, Verbands-spangen und Bandagen, Stützbandagen, Pinzette und Alkohol.

• Spülmittel mit einem milden fettlösenden Faktor eignen sich, um Hunde zu baden, nachdem ihre Haut mit Giftstoffen (z. B. Insektizide) in Berührung gekommen ist.

6

SCHOCK

• Der Schock wird definiert als Kollaps des Herzkreislaufsystems (Herz, Lungen, Blutkreislauf). Er kann einer lebensbedrohenden Erkrankung, Verletzung oder Situation folgen.

• Die Symptome sind zunächst leuchtend rotes, dann blässlich-weißes Zahnfleisch, schneller Herzschlag, Kollaps, Zittern, kalte Extremitäten und schwacher Puls. Ein schwerer Schock führt zu irreversiblen Schädigungen und sogar zum Tod, wenn er unbehandelt bleibt. Die Behandlung besteht aus intravenösen Gaben von Flüssigkeit und Steroiden, Warmhalten zur Erhöhung der Körpertemperatur sowie der Behandlung der zugrunde liegenden Erkrankung oder Verletzung.

• In einem Notfall sollten Sie zunächst die Verfassung Ihres Hundes prüfen, indem Sie seine Temperatur messen (normal 38–39 °C); den Puls zählen (normaler Herzschlag 110–120 Schläge pro Minute bei Welpen, 80–120 bei ausgewachsenen kleinen Hunden und 60–80 bei ausgewachsenen großen Hunden); die Atemfrequenz prüfen (normal sind bei einem jungen Hund 20–22 Atemzüge pro Minute und 14–16 Atemzüge bei einem ausgewachsenen Hund). Überprüfen Sie die Farbe des Zahnfleisches. Drücken Sie mit dem Zeigefinger eine Sekunde auf das Zahnfleisch und beobachten Sie, wie lange es dauert, bis die Druckstelle verschwindet (das Zahnfleisch sollte nach 1–3 Sekunden wieder rosafarben sein). Notfalls müssen Sie mit Wiederbelebungsmaßnahmen beginnen (S. 94) oder durch die Reaktion des Auges (S. 103) prüfen, ob der Hund überhaupt noch lebt.

> ## Tipp
> Wenn Sie Ihren Tierarzt oder einen Notfalldienst anrufen, sollten Sie folgende Informationen bereit halten: Name, Adresse, Telefonnummer; Genaueres über die Vergiftung (gefressene Menge, Symptome und wann sie auftraten, Angabe über das Gift); Rasse, Alter, Geschlecht, Körpergewicht und aktuelle Verfassung des Hundes.

In stehenden Gewässern können zu bestimmten Jahreszeiten giftige Algen wachsen. Wenn Ihr Hund aus einem solchen Gewässer trinkt, kann er sich vergiften.

6

STICHE UND BISSE

Wegen ihrer jugendlichen Neugierde sind junge Hunde besonders gefährdet vor Stichen oder Bissen. Sie können an verschiedenen Stellen auftreten. Wenn ein Hund versucht, ein Insekt zu fressen, kann er im hinteren Bereich seines Maules gestochen werden. Können Sie den Stich oder Biss unter dem Fell Ihres Hundes nicht sehen, müssen Sie zwecks Diagnose auf seine Reaktionen achten.

SELBSTMASSNAHMEN

• Hunde werden häufiger von Bienen gestochen. Das häufigste Anzeichen ist eine stark geschwollene Schnauze. Stellen Sie eine dicke Paste aus Soda-Bicarbonat und Wasser her und streichen Sie sie auf den Stich. Dies wirkt stark lindernd, da es das Gift neutralisiert. Haben Sie Antihistamine im Haus, sollten Sie Ihren Tierarzt nach der geeigneten Dosierung fragen. Sie lindern die Schwellung. Alternativ können Sie einen Tropfen Brennnesseltinktur auf dem Stich verreiben. Die meisten Hunde erholen sich schnell, doch gelegentlich kann es zu Atemnot kommen, bei der Sie das Tier sorgsam beobachten müssen.

• In Gegenden, in denen Schlangen leben, ist eine Schlangenbissausrüstung sinnvoll. Entscheiden Sie sich für eine solche, die das Gift durch Saugen entfernt. Wenn Ihr Hund von einer Schlange gebissen wurde, sollten Sie die Wunde etwas oberhalb abbinden und das Tier vorsichtig zum Tierarzt bringen, damit er es mit einem Antiserum behandeln kann. Halten Sie den Hund so ruhig wie möglich, da Bewegung den Kreislauf anregt und damit auch das Gift schneller in den Körper gelangt. Aus demselben Grund dürfen Sie auch kein Eis auf die Wunde legen.

SYMPTOME

• Durch den Stich einer Wespe oder Biene können Maul oder Kehle anschwellen.
• Durch einen Schlangenbiss kann es zu Zittern, Erbrechen oder Durchfall kommen.

NÜTZLICHE ADRESSEN

DEUTSCHE GESELLSCHAFT
DER TIERHEILPRAKTIKER
Husemannstraße 25–27
45879 Gelsenkirchen

DTB – DEUTSCHER TIERSCHUTZBUND
Baumschulallee 15
53115 Bonn
Telefon 02 28 / 63 10 05-06
Zentrales Haustierregister
Telefon 02 28 / 69 77 01

GESELLSCHAFT
SCHWEIZERISCHER TIERÄRZTE
Postfach 6324
CH-3001 Bern

IDH – INTERESSENGEMEINSCHAFT
DEUTSCHER HUNDEHALTER
Auguststraße 5
22085 Hamburg
Telefon 0 40 / 45 47 61

ÖKV – ÖSTERREICHISCHER
KYNOLOGENVERBAND
Johann-Teufel-Gasse 8
A-1238 Wien
Telefon 01 / 88 70 92-93

ÖSTERREICHISCHE GESELLSCHAFT
DER TIERÄRZTE
Linke Bahngasse 11
A-1030 Wien

SKG – SCHWEIZERISCHE
KYNOLOGISCHE GESELLSCHAFT
Länggaßstraße 8
CH-3001 Bern
Telefon 0 31 / 3 13 01 58 19

STS – SCHWEIZER TIERSCHUTZ
ZENTRALSEKRETARIAT
Birsfelder Straße 45
CH-4052 Basel
Telefon 0 61 / 3 11 21 10

VDH – VERBAND FÜR DAS DEUTSCHE
HUNDEWESEN
Westfalendamm 174
44141 Dortmund
Telefon 02 31 / 56 50 00

ZENTRALVERBAND DER ÄRZTE
FÜR NATURHEILKUNDE
Alfredstraße 23
72250 Freudenstadt

ZENTRALVERBAND DER ÖSTER-
REICHISCHEN TIERSCHUTZVEREINE &
WIENER TIERSCHUTZVEREIN
Khleslplatz 6
A-1120 Wien
Telefon 01 / 04 77 74

HUNDE IM INTERNET:

http://www.Hunde.com
Beiträge rund um den Hund: Hunde-
sport, Ausstellungstermine, Infos
über Züchter und Vereine, Erzie-
hungs- und Pflegeratgeber

http://www.Hunde-Fan.de
Rassenporträts, Ernährungs- und
Erziehungstipps, ein Lexikon und
vieles mehr

http://www.tierfreund.de
Der Tierfreund – Wissenschaft, Tierschutz, Ärzte & Kliniken, Naturheilkunde

http://www.tiermedizin.de
Tiermedizin in Deutschland – Informationen aus der Tiermedizin, Tier-
haltung und Tierzucht

REGISTER

6